Nadine MUDERHWA NZI

I0044821

LA RÉGLEMENTATION DU TRANSPORT AÉRIEN EN RÉPUBLIQUE DÉMOCRATIQUE DU CONGO

Préface de Jean-Paul SEGIHOBE BIGIRA
Postface d'Arnold NYALUMA MULAGANO

Éditions de l'Érablière

Dépôt légal : mars 2018
Bibliothèque et archives nationales du Québec
© Éditions de l'Érablière
ISBN 978-2-9814910-8-4
Photo couverture : un avion de la compagnie Congo Airways
Voir http://journal.cd/la-compagnie-aerienne-congo-airways-bientot-operationnelle-a-kananga/ (consulté le 13/03/2017).

ÉPIGRAPHE

« On n'échappe pas aux juristes. Ils n'ont pas besoin de poursuivre les aviateurs dans les airs, ils attendent tranquillement l'heure où l'aéronef fatigué se posera sur le sol » (G. RIPERT, cité par M. LITVINE, *Précis élémentaire de droit aérien*, Bruxelles, 1953, p. 30)

DÉDICACE

À toutes les victimes des accidents aériens survenus en
République démocratique du Congo.

PRÉFACE

En République démocratique du Congo, plus qu'ailleurs, la réflexion sur l'aviation, et de manière singulière sur le droit aérien, se pose, s'expose et s'impose comme un impératif, non pas hypothétique, mais plutôt catégorique. Nadine Muderhwa a bien compris cela et, pour ce mérite, elle se révèle comme une bonne observatrice de sa société pour laquelle elle veut agir en mettant à son service la science juridique qu'elle a apprise.

Il ne suffit pas d'avoir des lois pour voir le secteur réglementé produire des résultats escomptés ou être à l'abri des pratiques honteuses et peu honorables. Le sens élevé d'éthique reste utile et nécessaire. En tout cas, le domaine de l'aviation civile en République démocratique du Congo est bien doté d'un arsenal juridique qui n'est pas le moins mauvais. Pourtant, comme l'indique l'auteure de cette réflexion — dédiée aux nombreuses victimes des crashs survenus —, l'ineffectivité du cadre juridique et institutionnel du transport aérien, depuis la réforme par la Loi n° 10/014 du 31 décembre 2010, plonge les spécialistes et même les simples observateurs intéressés à ce domaine dans le doute quant à sa validité. En effet, la simple légalité formelle (le fait d'avoir voté et promulgué la loi) ne suffit pas. Il lui faut une effectivité qui réponde aux tests de l'efficacité et de l'efficience.

Alors que l'aviation civile devrait être un instrument indispensable pour l'administration, l'intégration et l'unité de ce grand pays au cœur de l'Afrique, les tâtonnements qui caractérisent ce secteur montrent qu'il y a encore beaucoup d'efforts à fournir, non seulement pour les destinataires primaires des lois et règlements en matière d'aviation vivant presque dans une inconscience professionnelle déconcertante, mais également pour les destinataires secondaires qui s'arriment à un environnement politique délétère, source d'inaction coupable et mortelle pour la nation.

La méthodologie empruntée par Nadine Muderhwa est classique pour un ouvrage qui se veut didactique. Elle s'appuie sur une approche historique en montrant comment l'aviation civile est née et a évolué en RDC. Elle reste évidemment circonspecte quant à l'analyse, qu'on aurait voulue plus poussée, sur les causes du déclin des compagnies d'aviation ayant précédé l'actuelle Congo Airways. À ce niveau, le travail reste très descriptif alors qu'on aurait été gratifié par un examen approfondi des causes centripètes et centrifuges d'une banqueroute sans pareille pour déboucher sur une prospective qui serait comme un avertissement et une étoile directrice de l'expérience en cours.

L'ouvrage se lance, par ailleurs, dans une analyse du droit positif congolais de l'aviation civile. Des conventions internationales en vigueur sur le territoire congolais aux textes législatifs et réglementaires, il s'avère que les balises juridiques sont suffisantes. De grandes thématiques comme le régime de responsabilité du transporteur aérien ont été mises en relief. L'auteure a fait l'économie de mentionner la jurisprudence consécutive aux litiges nés à l'occasion de multiples crashs ou autres conflits dans ce domaine. Le règlement des différends nés à l'occasion des vols annulés, des biens perdus ou livrés avec retard, des assurances mal négociées serait un atout pour ce travail qui reste perfectible. Des propositions de *lege ferenda* qui sortiraient d'une analyse jurisprudentielle que nous souhaitons de nos vœux ouvriraient, j'en suis sûr, des perspectives à d'autres réflexions.

Comme le lecteur pourra le remarquer, l'autre mérite de ce travail est qu'il réunit en un seul document plusieurs informations, en l'occurrence sur les différents crashs produits sur le sol congolais. Aussi, des pistes de solutions remédiant aux faiblesses décriées sont-elles proposées par l'auteure. À les lire, on remarque qu'elles jettent les jalons d'un renouveau à établir dans le secteur de l'aviation civile congolaise, ce qui doit être, entre autres, l'objectif d'un ouvrage qui se veut sérieux.

C'est donc avec mes félicitations à Nadine Muderhwa pour le travail qu'elle livre au public que j'en recommande la lecture à toute personne intéressée par le secteur.

Jean-Paul SEGIHOBE BIGIRA
Professeur à l'Université de Kinshasa
Recteur de l'Université de Goma
Goma (République démocratique du Congo)
5 juin 2017

REMERCIEMENTS

Le présent ouvrage n'est pas le fait du hasard. Il est né grâce aux concours de plusieurs personnes. Nous leur exprimons ici notre reconnaissance. Ainsi, nos gratitudes s'adressent-elles :

- aux autorités de l'Université catholique de Bukavu et de façon spécifique à tous nos formateurs à la Faculté de droit, pour la formation nous assurée durant tout notre cursus académique ;
- aux professeurs Thomas Furaha Mwagalwa et Justin Mastaki Namegabe qui ont bien voulu suivre l'élaboration de cette œuvre ;
- aux professeurs Jean-Paul Segihobe Bigira et Arnold Nyaluma Mulagano qui ont accepté de présenter l'ouvrage aux lecteurs ;
- à ceux qui nous lisent et à ceux qui nous liront ;
- à nos parents, nos frères et sœurs, nos neveux et nièces, pour la sympathie et l'affection nous témoignées ;
- à tous nos amis et connaissances dont l'attention, l'amabilité et l'empathie ont été de grands réconforts pour nous.

Nadine MUDERHWA NZIGIRE

SIGLES, ABRÉVIATIONS ET ACRONYMES

AAC : Autorité de l'Aviation civile
AFRAA: African Airlines Association
AITA : Association internationale du transporteur aérien
Al. : Alinéa
art. : article
arts : articles
art. cit.: articulus citatus
BAD: Banque africaine de développement
CAA : Compagnie africaine d'Aviation
CAS : Cetraca Aviation Service
CCC LIII : Code civil congolais Livre III
CDN : Certificat de Navigabilité
CEEAC : Communauté économique des États de l'Afrique Centrale
CEMAC : Communauté économique et monétaire des États d'Afrique centrale
CENI : Commission électorale nationale indépendante
CINA : Commission internationale de navigation aérienne
DAC : Direction de l'aviation civile
DTS : Droit des tirages spéciaux
€ : Euro (unité monétaire de l'Union européenne)
gr : gramme
HBA : Hewa Bora Airways
IATA : International Air Transport Association
JO : Journal officiel
kg : kilogramme
LAC : Lignes aériennes congolaises
LARA : Ligne aérienne Roi Albert
mg : milligramme
MONUSCO : Mission de l'Organisation des Nations Unies pour la stabilisation en RD Congo
N.B. : Nota bene
OACI : Organisation de l'aviation civile internationale
OCDE : Organisation des Coopérations du développement économique

O-L : Ordonnance-Loi
ONU : Organisation des Nations-Unies
op. cit. : opus citatum
p. : page
PAP. : Programme d'actions prioritaires
pp. : pages
RDC : République démocratique du Congo
RVA : Régie des Voies aériennes
S.A.A.: South African Airlines
SABENA : Société Anonyme belge d'Exploitation de la Navigation aérienne
SAD : Service d'Aide à Domicile
SITA : Société internationale de télécommunication *aéronautique*
SNETA : Syndicat National pour l'Étude des Transports Aériens
SONAS : Société Nationale d'Assurance
$ (US) : Dollar US (américain)
UCB : Université catholique de Bukavu
UNILU : Université de Lubumbashi
UNPC : Union Nationale des Pilotes du Congo
UPC : Université Protestante du Congo
UTA : Union de Transports Aériens

INTRODUCTION GÉNÉRALE

La codification des règles de fonctionnement du transport aérien date des années 1920. Elle a abouti avec le temps au droit de transport aérien international et national[1].

La RDC a ratifié la Convention de Varsovie par le Décret du 6 janvier 1937[2]. La Convention de Varsovie est issue de la deuxième conférence internationale du droit privé aérien convoquée à Varsovie le 4 octobre 1929. Cette Convention dont le but était d'unifier les règles relatives au transport aérien international a été adoptée le 12 octobre 1929[3].

Outre la Convention de Varsovie, la RDC a ratifié d'autres Conventions internationales. Nous pouvons évoquer les Conventions relatives au droit public aérien, celles relatives au droit privé aérien ainsi que celles se rapportant au droit pénal aérien[4].

À côté de ces instruments juridiques internationaux, l'État congolais a aussi créé ses propres règles pour l'aviation civile. C'est dans cette perspective qu'il a procédé à la réforme et à la modernisation du cadre juridique et institutionnel du transport aérien par la Loi n° 10/014 du 31 décembre 2010 relative à l'aviation civile[5].

Cette Loi, subdivisée en douze titres, offre des garanties pour les passagers, les transporteurs et les bagages.

---

[1] *Manuel de la réglementation du transport aérien international.* Approuvé par le Secrétaire général et publié sous son autorité, deuxième édition 2004, disponible sur https://www.icao.int/Meetings/atconf6/Documents/Doc%209626_fr.pdf (consulté le 13/01/2018).

[2] L. KABONGO, *La responsabilité civile de l'exploitant aérien en Droit congolais. Cas du crash aérien survenu au Marché Type K.*, Mémoire de licence en droit, UPC, 2009-2010, inédit, p. 2.

[3] LESSEDJINA IKWAME UPU'UZIA, *Le Droit aérien*, PUZ, Kinshasa, 1974, p. 136.

[4] L. KABONGO, *op. cit.*, p. 2.

[5] Exposé des motifs de la loi n°10/014 du 31 décembre 2010 relative à l'aviation civile.

Ainsi, dans son titre deuxième se trouvent-elles définies les règles relatives à l'immatriculation, à la navigabilité et à la propriété. Le titre quatrième, de son côté, expose les conditions de navigation dans l'espace aérien congolais et les services appelés à y veiller. La responsabilité du transporteur aérien, les enquêtes relatives aux accidents et incidents d'aviation ainsi que les sanctions en cas de violation des prescrits de cette Loi sont succinctement traitées aux titres neuvième, dixième et onzième[6].

Néanmoins, force est de relever que cette réglementation paraît se heurter à un problème de mise en œuvre. À côté des faiblesses que comportent les textes, il nous faut relever les dommages du fait des aéronefs. Signalons à ce propos que les crashs d'avions sont très récurrents en RDC. Le cas le plus récent est celui du 24 décembre 2015 où un Airbus a raté son atterrissage à Mbuji-Mayi[7].

Il nous faut aussi mentionner le tarif scandaleux du billet et du fret des marchandises, les pertes des marchandises, le problème d'assurance des aéronefs, l'insécurité sur les pistes des aéronefs — on signala un jour à l'aéroport de Goma la présence d'une vache qui avait failli causer une catastrophe pendant l'atterrissage[8] — et le sabotage du paiement des redevances aéronautiques.

Les développements précédents suggèrent les affirmations suivantes :

-   Le régime juridique aérien congolais est ineffectif.

---

[6] Voir le contenu de la Loi n° 10/014 du 31 décembre 2010 relative à l'aviation civile.

[7] Anonyme, « RDC: un avion rate son atterrissage à Mbuji-Mayi, 8 morts », disponible sur http://www.radiookapi.net/2015/12/24/actualite/societe/rdc-crash-dun-avion-mbuji-mayi (consulté le 20/08/2016); Anonyme, « Sept morts dans l'atterrissage raté d'un airbus en RDC », disponible sur http://www.lemonde.fr/afrique/article/2015/12/24/sept-morts-dans-l'atterrissage-rate-d-un-airbus-en-rdc-4837934.3212html (consulté le 29/05/2016).

[8] Voir « R.D.C : l'insécurité sur les pistes des aéroports préoccupe les voyageurs », disponible sur http://www.radiookapi.net/actualité/2011/09/24/rdc-linsecurite-sur-les-pistes-des-aeroports-preoccupe-les-voyageurs (consulté le 20/08/2016).

- Parmi les facteurs qui expliquent cette ineffectivité, il y a l'absence d'un cadre juridique approprié, l'inobservation des conditions de vol, l'insécurité sur les pistes des aéronefs, le déficit en termes d'équipements, le dysfonctionnement des services techniques ainsi que le problème d'assurance des aéronefs.

Quelles sont les pistes de solutions envisageables pour permettre à la RDC de disposer d'un régime juridique aérien efficace ? Nous le verrons dans cette étude. Pour bien la mener, nous allons recourir aux méthodes juridique, analytique et comparative.

La méthode juridique va nous aider à interpréter et à rapprocher les différents textes juridiques.

La méthode analytique va nous permettre d'analyser les différentes lois qui seront citées dans la présente étude.

Et la méthode comparative va nous servir à connaitre ce qui se fait ailleurs, plus précisément en France, et qui fait défaut à la RDC.

A ces trois méthodes, nous allons ajouter la technique documentaire. Cette dernière va nous permettre de savoir ce que disent les ouvrages qui traitent du droit aérien.

Mises à part l'introduction et la conclusion générales, notre étude sera divisée en trois chapitres :

Le premier chapitre portera sur l'histoire de l'aviation en RDC.

Le deuxième chapitre sera consacré à la réglementation du droit aérien congolais.

Enfin, le troisième chapitre traitera des facteurs qui rendent ineffective la mise en œuvre de cette réglementation du droit aérien congolais et proposera des pistes de solutions.

I. APERÇU SUR L'ÉVOLUTION DE L'AVIATION CIVILE EN RÉPUBLIQUE DÉMOCRATIQUE DU CONGO

Le transport aérien congolais a une longue histoire. Selon Isidore Ndaywel è Nziem, peu avant le début de la Deuxième Guerre mondiale (1940-1945), c'est-à-dire en 1939, la Société Aérienne Belge d'Exploitation de la Navigation aérienne, SABENA en sigle, accomplit sa centième liaison aérienne entre l'Europe et l'Afrique[9]. Et pendant la guerre, la SABENA dut mettre ses avions à l'abri au Congo. Cela fut une occasion d'y établir plusieurs lignes intérieures[10].

I.1. LA GENÈSE ET L'ÉVOLUTION DE L'AVIATION CIVILE EN RDC

Dans ce premier point, nous allons voir comment est née l'aviation civile au Congo et son évolution après sa naissance.

I.1.1. À L'ÉPOQUE COLONIALE

À la fin de la Première Guerre mondiale, il y eut la publication d'un manifeste afin de plaider pour la création rapide d'une aviation civile au Congo[11].

A. Naissance du Syndicat National pour l'Étude des Transports Aériens (SNETA)

---

[9] I. NDAYWEL E NZIEM, *Histoire générale du Congo. De l'héritage ancien à la République Démocratique*, De Boeck et Larcier, Département Duculot, Paris, Bruxelles, 1998, p. 447.
[10] Ibidem.
[11] J. P. SONCK, « De la SNETA à la SABENA », disponible sur http://www.congo-1960.be/autempsdeshandley.htm (consulté le 22/12/2016).

Le commandant Avi Georges Nelis, alors chef des services techniques de l'Aviation militaire, publia un manifeste dans lequel il plaida pour la création rapide d'une aviation civile au Congo. C'était juste deux mois après la fin de la Première Guerre mondiale[12]. Le soutien du roi Albert 1er, fervent usager de l'aviation, fut d'une grande importance. Grâce à lui et à l'apport des milieux financiers, le SNETA fut créé en 1919. Et dès 1920, une mission gagna le Congo pour y développer un réseau d'hydravions entre Kinshasa et Stanleyville. L'installation d'une ligne aérienne dans la colonie, où les distances sont vraiment considérables, apportait des avantages importants[13].

L'avion pouvait permettre de déplacer rapidement non seulement les fonctionnaires, mais aussi les courriers. Il est en outre à noter que grâce à l'avion, on avait pu réaliser la photographie aérienne qui avait permis d'établir des levées pour la construction des voies ferrées ainsi que la réalisation d'une carte exacte et complète de la Colonie[14]. En date du 9 février 1920, un avion du SNETA survolait le Stanley Pool et puis rapidement le 22 février de la même année, 2 avions parcouraient la distance de ce qui allait devenir la première section de la ligne Roi Albert, mieux connue sous le nom de LARA (Ligne Aérienne Roi Albert)[15].

La LARA était divisée en trois sections :
– Kinshasa-Bolobo-Gombe (580 km) ;
– Gombe-Coquilhatville-Mobeka-Lisala (635 km) ;
– Lisala-Stanleyville (535 km).

À partir du 1er juillet 1920, le service régulier débuta entre Kinshasa et Gombe. Il fut prolongé jusqu'à Lisala au 1er mars 1921 et jusqu'à Stanleyville au 1er juillet 1921[16]. Ce service régulier ne fonctionna que jusqu'au 7 juin 1922. Mais avec

---

[12] Ibidem.
[13] Ibidem.
[14] Ibidem.
[15] HOORENS, E., « Vols provenant du Congo-Belge », BCSC n°109, disponible sur http://www.congoposte.be/posteaerienne.html (consulté la 22/12/2016).
[16] Ibidem.

cette expérience, le SNETA estima que l'objectif avait été atteint et que l'on pouvait créer une ligne aérienne commerciale qui serait gérée par la SABENA, alors en voie de constitution[17].

Le point suivant nous donne une idée sur le développement de la SABENA au Congo.

B. Évolution du réseau SABENA au Congo

Après le SNETA, une nouvelle compagnie fut établie pour la création et l'exploitation d'un réseau aérien en Belgique et au Congo. Il s'agit de la SABENA.

1. Développement de la SABENA au Congo

Le premier vol d'un avion belge à destination du Congo eut lieu le 12 février 1925. Il mit cinquante et un jours à rejoindre Léopoldville, aujourd'hui Kinshasa (Annexe I)[18].

Tony Otra, placé à la tête de la SABENA au Congo, fut chargé d'étudier les bases de l'organisation et du développement d'une ligne vers le Katanga[19]. Cette ligne était jalonnée de plus de septante terrains de secours créés entre les principales étapes et distants l'un de l'autre de 30 à 40 km. Cela représentait dix minutes de vol entre les différents points. Ces terrains étaient souvent situés à proximité des villages afin de permettre à l'agent territorial de trouver la main-d'œuvre nécessaire pour leur défrichage et leur entretien[20].

La première liaison Kinshasa-Luebo, qui faisait un trajet de 700 km, eut lieu le 25 avril 1925 avec quatre passagers et 200 kg de sacs postaux[21]. « Les appareils mis en service étaient

---

[17] Ibidem.
[18] Anonyme, « 1er vol Bruxelles-Léopoldville », disponible sur http://www.levi.be/actualite/insolite/depart-il-y-a-90-ans-du-premier-vol-bruixelles-leopoldville/article-normal-366317.html (consulté le 16/01/2017).
[19] J. P. SONCK, op.cit.
[20] Ibidem.
[21] Ibidem.

des trimoteurs Handley Page W8F, équipés d'un moteur central Rolls Royce de 360 HP et de deux moteurs latéraux Siddeley de 240 HP »[22].

2. Des progrès technologiques enregistrés

En date du 23 février 1935, pratiquement dix ans après sa création[23], la SABENA avait lancé sa première liaison régulière pour passagers entre la Belgique et le Congo. Un voyage aventureux et risqué qui prit cinq jours et 56 heures de vol à vue, et cela après plusieurs escales. Ce fut avec un trimoteur Fokker F. VII, immatriculé 00 — AGH et piloté par le chef pilote de la compagnie, le commandant Prosper Cosquyt, assisté par le mécanicien Jean Schoonbroodt et le marconiste Fernand Maupertuis. Il n'y avait qu'un seul passager à bord nommé Tony Orta, alors directeur de la SABENA au Congo. En plus de ce passager, l'avion transportait 83 kg de bagages et du courrier[24].

Vingt-cinq ans plus tard, c'est-à-dire en 1960, la SABENA mit en ligne son premier avion à réaction, le Boeing 707, réduisant ainsi la durée du vol à moins de dix heures[25]. C'est elle qui, pendant les balbutiements de l'indépendance du Congo, a fourni les premiers avions avec lesquels s'est lancée la jeune flotte congolaise[26].

Aujourd'hui, c'est-à-dire quatre-vingt-dix ans plus tard, il suffit de huit heures de vol sans escale pour relier Bruxelles et Kinshasa.

I.1.2. D'AIR CONGO À AIR ZAÏRE

A. Air Congo

---

[22] Ibidem.
[23] Anonyme, « 1er vol Bruxelles-Léopoldville », art.cit.
[24] Ibidem.
[25] Ibidem.
[26] Anonyme, « Kinshasa pleure Sabena », disponible sur http://www.afrik.com/article (consulté le 24/12/2016).

Créé par le Décret-Loi du 6 juin 1961, Air Congo était une des premières compagnies africaines à desservir l'Afrique et l'Europe[27].

Cette entreprise publique, qui avait remplacé la SABENA, devait assurer l'exploitation du réseau des liaisons domestiques et internationales du nouvel État indépendant[28].

En 1970, lorsque la République démocratique du Congo fut rebaptisée Zaïre, la compagnie aérienne Air Congo devint Air Zaïre.

B. Air Zaïre

La nouvelle compagnie Air Zaïre desservit au niveau interne huit villes, à savoir Kinshasa, Kisangani, Kananga, Mbuji-Mayi, Bukavu, Isiro, Goma et Lubumbashi[29]. En Afrique, elle desservit Entebbe, Nairobi, Dar es-Salaam, Bujumbura, Libreville, Douala, Lagos, Lomé, Abidjan et Dakar. Et en Europe, elle desservit Athènes, Bruxelles, Londres, Madrid, Paris et Rome[30]. En 1971, des mesures de libéralisation furent mises en place et bien des entreprises privées commencèrent à exploiter le transport de fret et de passagers sur le réseau interne zaïrois[31]. Cela amena des changements vers une augmentation de la flotte.

Air Zaïre avait occupé la troisième place des compagnies les plus sûres au monde de 1974 à 1984 après la Lufthansa allemande qui n'avait jamais connu de crash et la Swissair qui n'avait connu qu'un seul crash à l'époque. Air Zaïre était ainsi considéré comme un fleuron de l'aviation civile en Afrique[32].

---

[27] Anonyme, « Air Zaïre », disponible sur https://fr.m.wikipedia.org/wiki/Air-Zaire (consulté le 16/01/2017).
[28] Ibidem.
[29] Ibidem.
[30] Ibidem.
[31] Ibidem.
[32] Anonyme, « Le réseau aérien congolais », disponible sur https://www.youtube.com/watch?v=rPU-uapA4BQ (consulté le 30/05/2016).

C. Air Zaïre vers le déclin

Air Zaïre régressa fortement à partir de 1987. La compagnie qui desservait 22 destinations, ne pouvait plus en desservir à partir de cette année-là que la moitié[33]. Et à cause des problèmes financiers dus à un accroissement de la concurrence depuis 1980 sur le territoire national avec l'arrivée de Sibe Airlift et de Shabair, Air Zaïre changea d'administration. Il fut géré par la compagnie française dénommée Union de Transports Aériens (UTA) tout en restant une propriété de l'État zaïrois[34].

En 1994, Air Zaïre ne compta plus que 5 appareils pour 31 à sa création. Les lignes internes furent limitées à 11 escales et les vols vers Paris et Rome furent définitivement interrompus[35]. Rappelons ici une anecdote : alors qu'en 1974 Air Zaïre avait amené les boxeurs Mohamed Ali et George Foreman à Kinshasa à l'occasion du « combat du siècle » organisé par Don King, en 1992 un DC-10 de la compagnie fut saisi pour non-payement de dette et entreposé en Israël jusqu'à sa destruction en 2002[36].

D. Déclaration en faillite

La compagnie Air Zaïre, après une longue et lente plongée dans les abîmes, fut déclarée en faillite en octobre 1995 avec une dette dépassant les 50 millions de dollars américains ainsi que des arriérés de paiement de salaires des employés dépassant même trois ans[37]. Cette faillite créa un manque à gagner important à la Régie des Voies aériennes (RVA) qui tirait de cette compagnie de substantielles rentrées de droit d'atterrissage[38].

---

[33] Ibidem.
[34] Ibidem.
[35] Ibidem.
[36] Ibidem.
[37] Ibidem.
[38] Anonyme, « Kinshasa pleure Sabena », art.cit.

I.2. LES LIGNES AÉRIENNES CONGOLAISES

Après la déclaration en faillite de la compagnie Air Zaïre, les Lignes aériennes congolaises (LAC) succédèrent à cette dernière comme compagnie aérienne nationale[39]. Mais en réalité, les LAC ont été créées en 1961 comme Air Congo.

I.2.1. *VUE SOMMAIRE SUR LA SOCIÉTÉ*

A. Une lueur d'espoir

Il a fallu attendre la chute de Mobutu le 17 mai 1997 pour voir pointer une lueur d'espoir. Mais à ce moment, le PDG à la tête des LAC, M. Mukandila, trouva la compagnie exsangue, pillée, sans avions opérationnels ni moyens financiers, et déclarée en faillite à Bruxelles. Ce désagrément la mit en situation de cessation de paiement et elle fut suspendue de toutes les organisations aéronautiques internationales à l'instar de l'OACI, de l'IATA, de la SITA et de l'AFRAA[40].

Pour les agents et cadres des LAC, il était question que l'État s'impliquât impérativement dans le redressement de sa propre compagnie avec comme objectif de :
- faciliter l'acquisition en location-achat pour le compte des LAC ;
- soulager les agents de cette entreprise par la prise en charge des salaires et
- financer la réhabilitation des installations sinistrées[41].

Les LAC furent transformées en société commerciale suite à la promulgation le 7 juillet 2008 des Lois n° 08/008, 08/009 et 08/010 portant dispositions des Entreprises publiques, complétées par les Décrets 9/11 et 09/12 du 24 avril 2009 portant mesures transitoires et établissant la liste des Entreprises publiques transformées en sociétés commerciales[42].

---

[39] Ibidem.

[40] Anonyme, « Le renouvellement de la flotte des L.A.C. : une obligation morale pour l'Etat congolais », disponible sur https://www.digitalcongo.net/article/2722 (consulté le 17/01/2017).

[41] Ibidem.

B. LAC, vers sa décadence

Le 17 avril 2013, Monsieur Justin Kalumba Mwana Ngongo, alors ministre de Transport et Voies de communication, annonça au Sénat qu'une nouvelle compagnie aérienne était en gestation pour remplacer les Lignes aériennes congolaises. Cependant, cette mesure resta contestée par le personnel. Ce dernier affirmait que ladite liquidation (opération consistant à transformer en argent les éléments de l'actif et à payer les dettes sociales de la société, afin d'en épurer le patrimoine) coûterait plus cher à l'État congolais que la relance de la société[43]. Pour la relancer, soutint un syndicaliste, il fallait simplement la volonté politique et pas autre chose parce que les partenaires arrivent et cherchent à aider avec leurs moyens, parmi lesquels des avions, mais ils se voient toujours butés à un refus du gouvernement[44].

Le gouvernement, à son tour, demanda d'être associé à toutes les étapes· de l'évaluation. Malheureusement, le gouvernement lui-même se passa des travailleurs une fois en contact avec les partenaires[45].

Ainsi, au mois d'août 2013, Monsieur Justin Kalumba Mwana Ngongo annonça-t-il de nouveau qu'une nouvelle compagnie serait créée en RDC et elle remplacerait les LAC déjà tombées en faillite[46]. Il s'agit de Congo Airways.

---

[42] Anonyme, « Les lignes aériennes congolaises », disponible sur http://www.lacrdc.com/documents/28.html (consulté le 17/01/2017).

[43] Anonyme, « Les travailleurs des Lignes aériennes congolaises s'opposent à la liquidation de leur entreprise », disponible sur https://www.radiookapi.net/actualite/2013/05/05/les-travailleurs-des-lignes-aeriennes-congolaise-sopposent-la-liquidation-de-leur-entreprise (consulté le 17/01/2017).

[44] Ibidem.

[45] Ibidem.

[46] Luc-Roger MBALA BEMBA, « Promesse tenue de Matata Ponyo : Congo Airways reçoit ses deux premiers avions », disponible sur http://fr.africatime.com/republique_democratique_du_congo/articles/promesse-tenue-de-matata-ponyo-congo-airways-recoit-ses-deux-premiers-avions (consulté le 17/01/2017).

I.2.2. CONGO AIRWAYS ET SA MISSION

L'objectif du ministre Justin Kalumba Mwana Ngongo était de créer une grande compagnie aérienne nationale qui disposerait d'une flotte d'une dizaine d'avions et d'un personnel qualifié afin de contribuer à l'assainissement du secteur de l'aviation civile congolaise[47]. Malheureusement, le constat révéla que Congo Airways, qui n'avait pas encore opéré le moindre vol vers l'Europe, était déjà frappé par la mesure d'interdiction de survol de l'espace aérien européen[48].

En effet, dans l'aviation civile internationale, la culture de la transparence et de la traçabilité est de mise. La vie d'un avion est suivie de très près dès sa conception : prix d'achat, identité de divers exploitants, vols opérés, différents « checks » subis, incidents et accidents éventuels connus[49].

Ceci dit, les nouvelles acquisitions de Congo Airways ne pouvaient pas échapper à la règle de traçabilité[50].

CONCLUSION PARTIELLE

Nous venons de présenter brièvement, dans ce premier chapitre, l'évolution de l'aviation civile en RDC depuis l'époque coloniale jusqu'à nos jours avec des compagnies aériennes come le SETNA, la SABENA, Air Congo, Air Zaïre, les LAC et Congo Airways.

Hier fleuron de l'aviation civile en Afrique, aujourd'hui la RDC est classée au rang des pays réputés extrêmement dangereux en matière d'exploitation aérienne[51].

---

[47] Ibidem.
[48] Anonyme, « RDC : Congo Airways déjà sur la liste noire de l'union européenne avant d'avoir opéré son premier vol », disponible sur https://lepotentielonline.com/index.php?option=com-content&view=article&id=13007:rdc-congo-airways-deja-sur-la-liste-noire-de-l-union-europeenne-avant-d-avoir-opere-son-premier-vol&catid=90:online-depeches&Itemid=667 (consulté le 18/01/2017).
[49] Ibidem.
[50] Ibidem.
[51] Anonyme, « RDC : mauvais élève de l'aviation civile en Afrique », disponible sur www.lephareonline.net/rdc-mauvaise-eleve-de-laviation-

Nous allons donc voir dans le chapitre suivant comment le droit aérien est réglementé de nos jours en RDC.

civile-en-afrique/ (consulté le 19/01/2017).

II. LA RÉGLEMENTATION DU DROIT AÉRIEN EN RÉPUBLIQUE DÉMOCRATIQUE DU CONGO

Dans ce deuxième chapitre, nous tâcherons de présenter brièvement les principaux textes législatifs et réglementaires tant internationaux que nationaux qui régissent le transport aérien en RDC, ainsi que le régime de responsabilité.

II.1. LES RÈGLES APPLICABLES

L'objet de cette première section consiste à présenter les différentes règles qui régissent le trafic aérien.

II.1.1. LES TEXTES INTERNATIONAUX

Nous allons maintenant examiner les différents textes internationaux relatifs à l'aviation civile et qui ont été ratifiés par la RDC.

La plupart des textes traitent de la navigation aérienne, du droit aérien, de la responsabilité des transporteurs et de la modernisation du secteur aérien compte tenu des nouveaux procédés technologiques. D'autres, enfin, visent à améliorer ou à fournir des solutions aux problèmes nouveaux engendrés par les progrès technologiques en droit privé aérien.

A. La Convention de Paris de 1919

Tenue en date du 13 octobre 1919, la Convention de Paris rédigea un accord qui a confirmé le principe de souveraineté des États sur leur espace aérien. Trente États ont été signataires de cet accord[52]. À cette occasion fut créé un organisme

---

[52] La date de ratification de la dite Convention en RDC n'est pas précisée. Voir *Situation de la République démocratique du Congo en ce qui concerne*

permanent établi à Paris même et pourvu d'un Secrétariat chargé de l'exécution, de l'administration et de la mise à jour de ladite Convention. Il s'agit de la Commission internationale de navigation aérienne (CINA)[53].

La Convention de Paris comporte quatre principes :

- La reconnaissance de la souveraineté de l'État.

« Les hautes parties contractantes reconnaissent que chaque puissance possède la souveraineté complète et exclusive sur l'espace atmosphérique au-dessus de son territoire. Par territoire, on entend le territoire national, métropolitain et colonial ainsi que les eaux territoriales adjacentes audit territoire »[54].

La conséquence en est que lorsque l'espace aérien d'un État est survolé sans son autorisation, ce dernier est en droit d'intercepter cet aéronef et de le faire atterrir. La sécurité de l'aéronef et la vie des passagers ne doivent cependant pas être mises en danger[55].

- L'organisation du droit de survol.

L'art. 2 de la Convention de Paris établit la liberté de passage inoffensif, ce qui signifie la latitude d'aller d'un point d'un territoire à un autre du même État, ou de survoler un territoire pour aller atterrir sur un point de cet État[56]. Le même article prévoit aussi l'égalité de traitement des avions des États contractants.

- La création d'une commission internationale de la navigation aérienne.

L'art. 34 de la Convention de Paris prévoit cette institution. Chaque État contractant dispose d'une voix pour le vote et il a droit à deux représentants[57].

---

les instruments de droit aérien international, disponible sur http://www.icao.int/secretariat/legal/Status%20of%20individual%20States/democratic_republic_of_the_congo_fr.pdf (consulté le 22/12/2016).

[53] L. KABONGO, *op. cit.*, p. 2.

[54] Art. 1er de la Convention de Paris de 1919.

[55] Th. FURAHA MWAGALWA, *Notes de cours de Droit aérien*, 2014-2015, inédit.

[56] Art. 1er de la Convention de Paris de 1919.

[57] Ibidem.

- La fixation d'une réglementation internationale.

La Convention de Paris a prévu, pour le développement harmonieux de l'aviation civile, une série de règles en rapport avec la nationalité des aéronefs, le certificat de navigabilité (CDN), le brevet d'aptitude et les règles à observer au départ, à mi-chemin et à l'arrivée à destination.

B.   La Convention de Chicago de 1944

La conférence de Chicago s'est tenue du 1er novembre au 7 décembre 1944[58]. Elle a produit trois accords majeurs qui concernent la réglementation du transport aérien international[59]. Le plus important de ces accords majeurs était la convention relative à l'aviation civile internationale appelée Convention de Chicago, car signée à Chicago le 7 décembre 1944. Elle est entrée en vigueur le 4 avril 1944. La Convention de Chicago constitue le fondement juridique principal de la réglementation de l'aviation civile dans le monde et contient un certain nombre d'articles qui portent sur la réglementation économique du transport aérien international[60]. Dans ce sens, elle constitue un outil important de l'Organisation de l'aviation civile internationale (OACI).

La Convention de Chicago possède également quinze annexes qui édictent des normes pratiques dont l'application uniforme assure la sécurité de la navigation aérienne dans le monde.

En bref, la conférence de Chicago a eu pour mission :
- d'affirmer le principe de la souveraineté de l'État sur son espace aérien ;
- de définir l'organisation de certains droits sur la navigation aérienne ;
- de mettre en place la création de l'OACI[61].

---

[58] Cette Convention a été ratifiée par la RDC le 27 juin 1961. Voir *Situation de la République démocratique du Congo en ce qui concerne les instruments de droit aérien international, op. cit.*

[59] *Manuel de la réglementation du transport aérien international, op. cit.*, p. 3.0-2.

[60] Ibidem, p. 3.2-3.

Ces deux Conventions, à savoir la Convention de Paris et la Convention de Chicago, sont relatives au droit public aérien.

C. La Convention de Varsovie de 1929

Signée le 12 octobre 1929, la Convention de Varsovie comporte l'ensemble des documents de droit aérien et régit la responsabilité des transporteurs vis-à-vis des passagers[62].

En effet, la Convention de Varsovie a eu pour but d'uniformiser les textes relatifs au transport aérien au plan international. Elle a aussi mis une présomption de responsabilité à charge du transporteur aérien qui est fondée sur l'idée de faute et met une limite du montant alloué en cas d'indemnisation. Il s'agit d'une présomption « juristantum ou présomption réfragable » pour dire que le transporteur peut décliner cette présomption en montrant que toutes les mesures nécessaires afin d'éviter les dommages avaient été prises, ou qu'il lui était impossible de les prendre[63].

Au fil des années, il s'est avéré important de réviser la Convention de Varsovie. C'est ainsi que d'autres conventions ont modifié cette Convention. Cependant elles ont eu une portée ou des signataires très divers. Notre pays la RDC n'avait ratifié que quelques-uns de ces textes modifiés[64].

D. Le Protocole additionnel de La Haye de 1955

Ce Protocole fut signé en date du 28 septembre 1955[65]. Il a sensiblement remanié, modernisé et simplifié les règles

---

[61] Ibidem.
[62] Ibidem, p. 3.2-4. La date de ratification de la Convention de Varsovie par la RDC fut le 27 juillet 1962. Voir *Situation de la République démocratique du Congo en ce qui concerne les instruments de droit aérien international*, *op. cit.*
[63] L. KABONGO, *op. cit.*, p. 12.
[64] Ibidem.
[65] La date de ratification du Protocole additionnel de La Haye par la RDC

relatives aux documents de transport et doublé la limite de responsabilité des transporteurs en ce qui concerne les personnes[66]. Le 13e article du protocole de La Haye amende la Convention de Varsovie de 1929 en mentionnant que les limites de responsabilité prévues à l'art. 22 de la Convention de Varsovie ne s'appliquent pas s'il est prouvé que le dommage résulte d'un acte (ou d'une omission) du transporteur ou de ses préposés[67]. Cet art. 13 du protocole de La Haye déclare que la Convention de Varsovie a voulu faire de la responsabilité illimitée du transporteur aérien une exception et non la règle[68].

E.   Le Protocole additionnel de Montréal n° 4 de 1975

Celui-ci reforme les dispositions relatives au transport aérien des marchandises afin d'intégrer le recours aux nouveaux procédés électroniques d'établissement de la documentation correspondante. Ce Protocole a allégé le contenu de la lettre de transport aérien. Il est entré en vigueur en 1998 avec 43 états parties[69].

Les membres de l'OACI ont mis en un document unique l'ensemble des changements ou modifications faits à l'ancienne convention de Montréal de 1971. C'est la naissance de la résolution adoptée lors de la première conférence diplomatique organisée à Montréal le 25 septembre 1975[70].

F.   Autres textes

---

n'est pas indiquée. Voir *Situation de la République démocratique du Congo en ce qui concerne les instruments de droit aérien international*, op. cit.

[66] *Manuel de la réglementation du transport aérien international*, op. cit., p. 3.2-4.

[67] L. KABONGO, *op. cit.*, p.14.

[68] Ibidem.

[69] Ibidem, p. 13.

[70] Ibidem.

D'autres conventions ont été signées pour améliorer ou pour fournir des solutions aux problèmes nouveaux engendrés par les progrès technologiques en droit aérien privé.

Il s'agit de :

a.   La Convention de Guadalajara de 1961

Signée le 18 septembre 1961[71], la Convention de Guadalajara a ceci de particulier qu'elle a apporté en son art. 1 une distinction entre le transporteur contractuel et le transporteur de fait[72]. Elle a ainsi élargi le champ d'application de la Convention de Varsovie au transporteur qui assure effectivement le transport aérien, lorsque le passager ou l'expéditeur a effectué la conclusion d'un contrat avec un affréteur ou un transitaire[73].

b.   Les Conventions de Rome de 1933 et 1952

Les deux Conventions ont, respectivement, été signées le 23 mai 1933 et le 7 octobre 1952[74].

Elles concernent la responsabilité de l'exploitant pour les dommages causés par les aéronefs aux tiers à la surface. Elles fournissent un nombre non négligeable de principes de responsabilité du transporteur aérien face aux dommages causés aux personnes humaines à la surface par des aéronefs étrangers[75].

Ces textes sont des conventions du droit privé aérien.

---

[71] La date de ratification de cette Convention de Guadalajara par la RDC n'est pas indiquée. Voir *Situation de la République démocratique du Congo en ce qui concerne les instruments de droit aérien international, op. cit.*
[72] L. KABONGO, *op. cit.*, p. 14.
[73] *Manuel de la réglementation du transport aérien international, op. cit.*, p. 3.2-4.
[74] La date de ratification de ces Conventions de Rome par la RDC n'est pas indiquée. Voir *Situation de la République démocratique du Congo en ce qui concerne les instruments de droit aérien international*, op. cit.
[75] *Manuel de la réglementation du transport aérien international, op. cit.*, p. 3.2-4.

Les autres conventions que nous mentionnons ci-après sont relatives au droit pénal aérien. Elles régissent la matière relative aux infractions ainsi qu'à certains actes survenus à bord des aéronefs. Cet aspect du droit pénal est influencé par la théorie de la souveraineté de l'État survolé. Ainsi donc, les aéronefs sont-ils tenus au respect des règlements et des mesures propres à chaque État contractant[76].

Ces trois conventions sont :

a. La Convention de Tokyo de 1963

La Convention de Tokyo a été signée en date du 14 septembre 1963.

De prime abord, rappelons que la RDC a déposé en date du 20 juillet 1977 un instrument de ratification de la Convention de Tokyo tel qu'il est attesté dans la liste des signatures, ratifications ou adhésions, communiquée aux États le 23 janvier 1998 par le Secrétaire général de l'OACI[77].

Cette Convention de Tokyo établit la compétence de l'État d'immatriculation de l'aéronef pour les infractions et actes qui peuvent compromettre ou qui peuvent risquer de compromettre la sécurité de l'aéronef en vol ou des personnes ou des biens à bord[78].

b. La Convention de La Haye de 1970

Signée en date du 16 novembre 1970, elle a donné lieu au concept de compétence universelle sur les actes illicites de capture ou de détournement d'aéronefs en vol et oblige les États contractants à engager des poursuites contre les auteurs[79].

c. La Convention de Montréal de 1971

---

[76] Ibidem.

[77] Ibidem.

[78] Ibidem, p. 3.2-5.

[79] Ibidem. La Convention de La Haye a été ratifiée par la RDC le 6 juillet 1977. Voir *Situation de la République démocratique du Congo en ce qui concerne les instruments de droit aérien international*, *op. cit.*

Elle a été signée le 23 septembre 1971[80]. Elle vise à réprimer les actes de violence dans les aéroports internationaux qui compromettent ou risquent de compromettre la sécurité des personnes ou l'exploitation de ces aéroports[81].

En exécution des obligations de la Convention de Montréal, le Parlement congolais a adopté, et le Président de la République a promulgué le 31 décembre 2010, la Loi n° 10/014 relative à l'aviation civile, dont les titres VII et IX, respectivement consacrés à l'exploitation des services aériens et au régime de responsabilité civile, s'inspirent des dispositions de ladite Convention[82]. Ajoutons que la Convention de Montréal procède aussi de la nécessité d'indemniser des tiers qui subissent des dommages suite à des événements faisant intervenir des aéronefs en vol avec l'objectif principal d'assurer une indemnisation appropriée de tiers ayant subi de tels dommages[83]. Il s'est également avéré important de moderniser la Convention relative aux dommages causés aux tiers à la surface par des aéronefs étrangers signée à Rome le 7 octobre 1952 et son Protocole de modification, signé à Montréal le 23 septembre 1978[84]. Tout ceci a permis l'adhésion de la RDC à cette Convention et de fournir son engagement à contribuer à l'effort international d'harmonisation des règles régissant le transport aérien international et la responsabilité civile du transporteur aérien ainsi que d'offrir aux victimes d'accidents d'avion davantage de possibilités d'une indemnisation juste et équitable[85].

---

[80] La Convention de Montréal a été ratifié par la RDC le 6 juillet 1977. Voir *Situation de la République démocratique du Congo en ce qui concerne les instruments de droit aérien international, op. cit.*

[81] *Manuel de la réglementation du transport aérien international, op. cit.*, p. 3.2-5.

[82] Ibidem.

[83] « Exposé des motifs de la loi autorisant l'adhésion de la RDC à la convention pour l'unification de certaines règles relatives au transport aérien international », signé à Montréal, le 28 mai 1999, p. 2.

[84] *Manuel de la réglementation du transport aérien international, op. cit.*, p. 3.2-5.

[85] Ibidem.

[85] Ibidem.

En outre, cette Convention remédie à l'une des critiques formulées contre la Convention de La Haye concernant la répression de l'intervention illicite d'une personne qui ne se trouve pas dans l'aéronef[86]. En guise d'exemple, elle explique, pour le cas en RDC, que lorsqu'une infraction est commise contre un particulier en dehors du territoire de la RDC et que la peine prévue est de 5 ans tout au plus, la poursuite ne peut être ordonnée que si l'autorité du pays où l'infraction a été causée porte plainte. Cependant dans le cas où l'infraction commise demeure négligée ou non poursuivie, l'infraction restera également impunie[87].

Les textes internationaux ainsi présentés, la partie suivante va concerner les textes nationaux, c'est-à-dire les textes prévus en RDC sur l'aviation civile.

II.1.2. LES TEXTES LÉGISLATIFS NATIONAUX

La RDC est considérée comme un enfer aéronautique. Plusieurs de ses compagnies aériennes sont interdites de voler dans l'Union européenne[88]. Face à cela, la question à se poser serait de savoir comment restituer les choses dans l'ordre et préparer l'intégration de la RDC dans l'avenir de l'aviation internationale[89].

Rappelons que la RDC était menacée de bannissement et d'isolement par le président du conseil de l'Organisation de l'Aviation civile internationale dans la mesure où elle était incapable de disposer de toute urgence d'un texte de loi répondant aux exigences modernes de transport aérien[90].

---

[86] L. KABONGO, *op. cit.,* p. 16.
[87] Ibidem.
[88] Ibidem.
[89] Anonyme, « Aviation civile en RDC », disponible sur www.congoplanete.com (consulté le 03 mai 2016).
[90] G. BULAMBO NYANGI, *La responsabilité civile du transporteur aérien en cas de dommage subi par un passager*, Mémoire de licence en droit, UNILU, 2012-2013, inédit.

Les textes censés régir le transport aérien sont devenus lacunaires au regard du développement prodigieux du droit aérien international[91].

Il s'agit des textes tels que :

• l'Ordonnance n° 62-330 du 27 septembre 1952 relative aux servitudes aéronautiques ;

• le Décret du 15 décembre 1953 régissant la création des zones interdites de survol ;

• l'Ordonnance n ° 62/321 du 8 octobre 1955 relative à la navigation aérienne ;

• l'Ordonnance-Loi n° 78-009 du 29 mars 1978 portant réglementation des conditions générales d'exploitation des services aériens[92].

Le 31 décembre 2010 a été adoptée une loi censée remédier aux lacunes des lois précédentes. Dans cette partie, nous allons examiner, outre la Loi de 2010, les anciennes Lois de 1955 et de 1978.

A. Ordonnance n ° 62/321 du 8 octobre 1955 relative à la navigation aérienne telle que modifiée par l'ordonnance n° 130 du 8 septembre 1962

Concernant l'immatriculation des aéronefs, l'article 20 de l'Ordonnance de 1955 a été modifié et remplacé par l'article 1er de l'Ordonnance n° 130 du 8 septembre 1962[93]. Il mentionne que tout aéronef inscrit au matricule de la RDC doit porter :

• la marque de nationalité congolaise constituée par le chiffre 9 suivi de la lettre majuscule Q ;

• la marque de l'immatriculation congolaise possédant un groupe de trois (3) lettres majuscules commençant par la lettre C ;

---

[91] Ibidem.
[92] Loi n° 10/014 du 31 décembre 2010 relative à l'aviation civile.
[93] L. KABONGO, op. cit., p. 16.

- la marque de nationalité placée avant la marque d'immatriculation en est séparée par un tiret.
Exemple : 9Q-CMK.

B. Ordonnance-Loi n° 78-009 du 29 mars 1978 portant réglementation des conditions générales d'exploitation des services aériens

Dans cette O-L, on rencontre les conditions générales d'exploitation des services aériens qui expliquent les prescriptions administratives imposées préalablement à l'exercice de toute activité qui se rapporte aux services aériens[94].

Toujours d'après cette même O-L, ces différents services sont repartis dans les catégories suivantes :
- Les services de travail aérien
Ce sont toutes les opérations aériennes où les aéronefs sont utilisés à des fins autres que le transport des passagers, des marchandises et même de la poste[95].
- Les services aériens de transport public
Ils ont pour mission d'acheminer par aéronef et contre rémunération, des personnes, des marchandises ou du courrier d'un point à un autre[96].
- Les services aériens privés
Dans l'O-L de 1978 sur la réglementation des conditions générales d'exploitation des services aériens, les services aériens privés sont tous les vols faits sans contrepartie[97].
Ils ont pour but :

- du tourisme effectué pour l'intérêt du propriétaire de l'aéronef ;
- du service particulier d'une entreprise autre que celles qui s'occupent du transport aérien public ;

---

[94] Ibidem, p. 17.
[95] Chapitre III de l'O-L de mars 1978 à son article 8.
[96] Chapitre II de l'O-L de mars 1978 à son article 4.
[97] Art. 9 du chapitre IV.

- de l'entraînement en vol des pilotes en vue de l'obtention d'une licence supérieure.

Étant donné que ces textes cités ci-haut sont lacunaires et suite à l'injonction qui lui avait été faite par l'Organisation internationale de l'Aviation civile de se doter d'un cadre juridique à jour, la RDC a entériné une loi entrée en vigueur à la date de sa promulgation. Il s'agit de la Loi numéro 10/014 du 31 décembre 2010 relative à l'aviation civile. Cette Loi fera le titre du paragraphe suivant.

C. La Loi n° 10/014 du 31 décembre 2010 relative à l'aviation civile

Cette Loi présente un certain intérêt sur le plan organisationnel et fonctionnel de l'aviation civile en RDC. En effet, elle a été adoptée en vue de remédier aux déficiences constatées dans le secteur de l'aviation civile avec comme souci de doter le pays d'une législation adaptée, efficace et pratique[98]. En outre, cette même Loi fixe les règles relatives à la gestion et à l'utilisation de l'espace aérien de la RDC conformément aux arts 9 et 122.8 de la Constitution[99].
En effet, le transport aérien en RDC était caractérisé ces dernières années par des accidents fréquents et des faiblesses structurelles de son système aérien. La Loi de 2010 entendait y remédier[100].
Dans son exposé des motifs, la Loi comporte plusieurs éléments dont :
- la nécessité de codifier les règles régissant l'aviation civile ;
- le besoin de sécurité du transport aérien ;
- la nouvelle politique aéronautique définie à travers la Décision de Yamoussoukro du 14 novembre 1999 concernant

---

[98] Loi n° 10/014 du 31 décembre 2010 relative à l'aviation civile.
[99] Art. 1er de la Loi n° 10/014 du 31 décembre 2010 relative à l'aviation civile.
[100] G. BULAMBO NYANGI, *op. cit.*

la libéralisation de l'accès des marchés de transport aérien en Afrique[101].

Examinons de plus près cette Loi de 2010 :

1. L'apport de la Loi de 2010 aux instruments internationaux

La Loi de 2010 a introduit de nouvelles règles, en application des instruments internationaux, qui se rapportent à l'aviation civile, dont la Convention relative à l'aviation civile internationale qui fut signée à Chicago le 7 décembre 1944. Cette Loi comporte également des annexes actualisées[102].

Les plus significatives de ces annexes se rapportent :
- au régime des privilèges et hypothèques ;
- à l'obligation faite au transporteur aérien d'obtenir une licence d'exploitation et un certificat de transporteur aérien ;
- au régime des affrètements d'aéronefs ;
- à la protection du passager, victime d'un refus d'embarquement ;
- à l'institution d'une autorité de l'aviation civile chargée de l'administration, de la réglementation technique et de la supervision de la sécurité de l'aviation civile ;
- au renforcement du système de responsabilité civile des transporteurs et des exploitants aériens ;
- à la protection de l'environnement ;
- à la sûreté de l'aviation civile ;
- à la conduite des enquêtes sur les accidents et incidents d'aviation et à la coordination des recherches et sauvetages ;
- au renforcement du régime répressif[103].

2. Le contenu de la Loi de 2010

La Loi de 2010 sur l'aviation civile en RDC est composée de douze titres que l'on rencontre dans l'exposé de motif :

---

[101] Loi n° 10/014 du 31 décembre 2010 relative à l'aviation civile.
[102] Ibidem.
[103] Ibidem.

- Le titre premier définit l'objet et le champ d'application de la Loi, énonce les principes généraux applicables à l'aviation civile et proclame la souveraineté de l'État congolais sur l'espace surplombant son territoire. Il met également en place un cadre institutionnel de gestion de l'aviation civile ;
- Le titre deuxième traite des aéronefs. Il définit les règles relatives à l'immatriculation, à la navigabilité et à la propriété. Il traite aussi des privilèges et hypothèques dont un aéronef peut être grevé ainsi que des règles de son exploitation ;
- Le titre troisième définit les règles générales régissant les aérodromes et celles relatives à la conception, à la construction et à l'exploitation des aérodromes ;
- Le titre quatrième, consacré à la circulation aérienne, détermine les conditions de navigation dans l'espace aérien congolais et traite des services de la circulation aérienne, de l'assistance météorologique à la navigation aérienne et des télécommunications aéronautiques ;
- Le titre cinquième est consacré aux redevances ;
- Le titre sixième est consacré aux licences du personnel ;
- Le titre septième fixe les conditions d'exploitation des services aériens de transport public tant au niveau domestique qu'au niveau international, de travail aérien et des services aériens privés ;
- Le titre huitième détermine les règles d'exploitation des aéro-clubs, des écoles d'aviation et des centres de formation ;
- Le titre neuvième définit les règles régissant la responsabilité du transporteur aérien, des assurances et des garanties ;
- Le titre dixième traite des enquêtes relatives aux accidents et incidents d'aviation, de la recherche et du sauvetage ;
- Le titre onzième est consacré aux dispositions pénales ;
- Le titre douzième contient les dispositions transitoires, abrogatoires et finales[104].

---

[104] Ibidem.

3. L'importance de la Loi de 2010

L'art. 3 de la Loi de 2010 énonce 62 définitions.

Les dispositions de la Loi s'appliquent à l'exercice sur l'espace aérien, aux aérodromes, à la circulation aérienne, aux licences du personnel, à l'exploitation des services aériens, à la sûreté de l'aviation civile, aux accidents et aux incidents d'aviation et enfin aux aéronefs civils, mis à part les aéronefs de l'État[105].

Cette Loi de 2010 sur l'aviation civile en RDC, rappelons-le, a été adoptée à point nommé parce qu'il y avait carence d'une réglementation moderne et efficace[106]. Cette carence causait de grands problèmes dans le secteur du transport aérien et était à la base des injustices et de la corruption[107].

Devant la nécessité de connaître le régime de responsabilité des différentes parties contractantes, nous allons consacrer la deuxième section de notre chapitre à ce sujet.

II.2. LE RÉGIME DE RESPONSABILITÉ DU TRANSPORT AÉRIEN

Cette section présente le régime de responsabilité devant régir le transport aérien des marchandises, des bagages, des passagers ; la responsabilité des transporteurs, des passagers et le cas des crashs.

II.2.1. *LE TRANSPORT AÉRIEN DES PERSONNES ET DES MARCHANDISES*

---

[105] Art. 2 de la Loi n° 10/014 du 31 décembre 2010 relative à l'aviation civile.
[106] G. BULAMBO NYANGI, *op. cit.*
[107] Ibidem.

Les compagnies aériennes transportent des personnes et des marchandises à l'intérieur d'un pays et par-delà les frontières à titre régulier[108].

A. Théorie sur le transport des personnes et des bagages

Le transport régulier fournit un service d'importance capitale à l'économie de la planète, mais aussi d'un pays. Ce qui fait qu'il prend à son compte la plus grande partie du trafic des passagers[109]. Ce transport tant intérieur qu'international est strictement réglementé dans la plupart des pays, mais dans d'autres cela l'est un peu moins[110].

Les politiques et les règles qui régissent le transport aérien ont des motivations diverses telles que :

- la sécurité ;
- le prestige national ;
- la défense nationale ;
- le développement régional et urbain ;
- la protection de l'environnement ;
- le service public.[111]

Aussi, outre les règles internationales et nationales propres à chaque pays, le transport aérien est-il encadré par deux organismes internationaux qui sont basés à Montréal. Il s'agit de l'OACI (Organisation de l'aviation civile internationale) à caractère plus technique et de l'AITA (Association internationale du transporteur aérien) à caractère plus commercial[112].

---

[108] R. GÖNENÇ, G. NICOLETTI, « Le transport aérien de passagers : réglementation, structure du marché et performance », Revue économique de l'OCDE, 1/2001 (n° 32), p. 203-254, disponible sur www.cairn.info/revue-economique-de-ocde-2001-1-page-203.htm (consulté le 08/08/2016).

[109] Voir http://www.planetoscope.com/Avion/109-vols-d-avions-dans-le-monde.html (consulté le 07/08/2016).

[110] Ibidem.

[111] Ibidem.

[112] Anonyme, « Le transport aérien », disponible sur https://cairn.info/revue-economique (consulté le 08/08/2016).

B. Règlement concernant le transport des personnes et des bagages

L'objectif principal de ce règlement est :
- D'établir les conditions de transport des passagers et des bagages sur les avions de la compagnie aérienne pour un niveau de sécurité et de qualité de service adéquat, mais aussi d'édicter les principes et les règles qui régissent les responsabilités durant le transport aérien des passagers et des bagages, notamment les responsabilités en termes de services à fournir[113].
- D'assurer la sécurité des passagers et des bagages pendant leur transport, conformément au programme national de sécurité dans l'aviation civile mis en place par la loi interne et autres réglementations élaborées en vertu de ce programme[114].

C. La manière de traiter les passagers à l'aéroport

Par le biais de ses agents d'escale et des ressources aéroportuaires, la compagnie aérienne doit fournir aux passagers différentes informations pour leurs besoins. Il s'agit :
- de l'heure de départ et d'arrivée de l'avion ;
- du retard et de l'annulation de vols ainsi que des causes de ces retards et annulations ;
- des véhicules et des itinéraires de transfert entre les différents points de l'aéroport et aussi entre l'aéroport et la ville ;
- des règles et des procédures relatives à l'inspection des passagers et des bagages avant et après les vols ;
- des dispositions réglementaires générales pour tout ce qui touche aux frontières, aux douanes, à l'immigration, aux

---

[113] Anonyme, « Règlement concernant le transport des passagers et des bagages », disponible sur www.flyuia.com/.../Rglement-concernant (consulté le 08/08/2016).
[114] Ibidem.

mesures sanitaires de quarantaine et autres, conformes aux lois en vigueur.

- de la localisation de l'espace bébé, du poste de police, de la borne d'information, du poste de secours et des toilettes[115].

D. Les obligations de la compagnie aérienne au niveau de l'aéroport

Au niveau de l'aéroport, la compagnie aérienne ou les agents aéroportuaires ont le devoir d'assurer :
- l'enregistrement des passagers et des bagages pour le transport ;
- le transport au sol des passagers vers l'avion et le chargement des bagages en soute ;
- la prise en charge des passagers à la sortie de l'avion et le déchargement des bagages ainsi que le transport au sol vers le terminal d'arrivée de l'aéroport et la livraison des bagages[116].

E. Le transport aérien des marchandises

En France par exemple, le transport aérien de marchandises connaît un développement depuis quatre décennies grâce à l'agrandissement des soutes à bagages des avions et l'apparition des gros porteurs. Cela permet de maximiser les recettes dans le transport aérien[117].

À côté de la maximisation des recettes, on vise aussi la rapidité, la sécurité, la régularité et la fiabilité. Elles sont des qualités essentielles dans ce type de transport[118].

a. La rapidité

---

[115] Ibidem.
[116] Ibidem.
[117] Anonyme, *Le transport aérien*, in http://babylonechat.free.fr/cours-lea/cours-cts2.htm (consulté le 29 août 2016).
[118] Ibidem.

La rapidité permet de répondre avec une célérité considérable à des demandes urgentes ainsi que de réduire les stocks.

b. La sécurité

Le niveau de sécurité est aussi un avantage commercial important en ce qui concerne les emballages.

c. La régularité

Elle permet de planifier les flux d'approvisionnement. Cela veut dire que le transport aérien doit être adapté aux marchandises à forte valeur ajoutée, aux pièces usinées, aux médicaments urgents et aux marchandises de livraisons intercontinentales.

d. La fiabilité

La fiabilité rend le mode de transport aérien performant[119].

Pour des raisons de sécurité et d'hygiène, le transport de certains produits, tels que les denrées périssables, les animaux vivants et les matières dangereuses doit être soumis à des recommandations et à des règles strictes. C'est surtout le cas pour les matières dangereuses. Elles sont soumises à une très stricte réglementation de la part de l'OACI et de l'AITA[120].

En RDC, l'encadrement réglementaire du transport des marchandises dépend de la Convention de Varsovie de 1929, de la Convention de Chicago de 1944, de la Convention de Montréal de 1999, du code de l'aviation civile et des accords bilatéraux de trafic entre États. Donc ces qualités essentielles citées pour la France peuvent également être appliquées en RDC.

---

[119] Ibidem.
[120] Ibidem.

L'AITA fait partie aussi de l'organisme des groupements de compagnies aériennes qui cherchent à établir des tarifs communs dans le transport des marchandises[121].

Nous venons de présenter les conditions de base pour bien assurer le transport aérien des personnes, des bagages et des marchandises. Dans la partie suivante, nous allons exposer les responsabilités encourues en cas de non-respect de ces conditions ou obligations.

II.2.2. DE LA RESPONSABILITÉ EN DROIT AÉRIEN

L'activité aéronautique est soumise à de nombreuses règles et à des contraintes destinées à garantir la sécurité des usagers de l'espace aérien et des tiers. L'ensemble de ces règles s'appelle le « droit aérien »[122].

Le cours de droit des obligations étudiées au programme de la troisième année de graduat en droit nous aidera à faire une petite ébauche en ce qui concerne la responsabilité.

A. La responsabilité contractuelle au sens commun

Le professeur Jean-Claude Mubalama Zibona, dans ses notes de cours de droit des obligations, relate que les dispositions légales qui régissent la matière de la responsabilité contractuelle en RDC sont traitées dans le chapitre III du titre premier du livre III du Code civil intitulé « De l'effet des obligations », précisément dans la quatrième section ayant pour titre : « Des dommages et intérêts résultant de l'inexécution de l'obligation ».

Dans ce point, nous portons spécialement notre attention sur les arts 45 et 46 du Code civil congolais livre III (CCC LIII) communément appelé « Code civil des Obligations »[123].

---

[121] Ibidem.
[122] L. CHASSOT, « Un survol des nouvelles règles de responsabilité du transporteur aérien : la perspective du pilote privé », in *Onglet SAG*, disponible sur http://docplayer.fr/7250800-Onglet-sag-un-survol-des-nouvelles-regles-de-responsabilite-du-transporteur-aerien-la-perspective-du-pilote-prive.html (Consulté le 17/08/2016).

Trois conditions sont de mise pour réunir la responsabilité contractuelle. Il s'agit :

- du fait générateur ;
- du dommage ;
- du lien de causalité.

a. Le fait générateur

C'est la faute contractuelle qui consiste en un manquement à une obligation contractuelle imputable au débiteur[124]. Dans ce cas la faute du débiteur doit être établie et démontrée qu'il ne s'est pas conformé au devoir qu'il avait assumé. L'obligation de moyens et l'obligation de résultat sont d'une grande utilité à cet égard[125].

b. Le dommage

La responsabilité du débiteur est engagée s'il a causé préjudice ou dommage au créancier. Il peut s'agir d'une exécution tardive, incomplète ou défectueuse[126].

c. Le lien de causalité

Il faut qu'il y ait un lien de causalité entre l'inexécution de l'obligation et le dommage[127]. C'est-à-dire que pour qu'il y ait lieu à réparation, il faut que le préjudice subi par la victime soit causé par le fait du défendeur à l'action en responsabilité.

B. Le dommage subi par le passager dans le transport aérien

---

[123] J.-C. MUBALAMA ZIBONA, *Notes de cours de Droit des Obligations*, 2013-2014, inédit.
[124] Ibidem.
[125] Ibidem.
[126] Ibidem.
[127] Ibidem.

Un passager du transport aérien peut être victime de différents dommages. Il peut s'agir :
- d'un préjudice corporel ;
- d'un préjudice moral ;
- d'un préjudice matériel.

a. Le préjudice corporel

C'est une atteinte portée à l'intégrité physique d'une personne[128]. Il s'agit ici de la blessure ou lésion et de la mort.

b. Le préjudice matériel

C'est un dommage causé aux biens et aux intérêts matériels de quelqu'un[129].

c. Le préjudice moral

Il est lié aux souffrances psychiques d'une victime et aux troubles qui y sont associés[130]. Ce dommage entraîne souvent une cassure plus ou moins importante dans la vie quotidienne d'une victime, compromet une partie de sa personnalité et de sa qualité de vie qu'il convient de reconstituer[131].

C. La responsabilité en droit aérien congolais

Nous allons maintenant examiner ce que prévoit la Loi de 2010 sur la responsabilité à l'égard des passagers, des bagages, des marchandises et à l'égard des tiers à la surface du sol.

---

[128] Anonyme, « Préjudice : Définition de préjudice », disponible sur www.cnrtl.fr/definition/préjudice (consulté le 12/08/ 2012).
[129] Ibidem.
[130] Anonyme, « Préjudice, définition », in *Dictionnaire juridique*, disponible sur http://www.dictionnaire-juridique.com/definition/prejudice.php (consulté le 12/08/2016).
[131] C. M. NISENBAUM, « Le préjudice moral d'une victime, une indemnisation trop rare », disponible sur www.meimonnisenbaum.com/.../id-20-le (consulté le 12/08/2016).

1. La responsabilité à l'égard des passagers, des bagages et des marchandises[132]

Selon la Loi de 2010 sur l'aviation civile congolaise, le transporteur est responsable du dommage survenu en cas de mort, de blessures ou de toute autre lésion corporelle subie par un passager lorsque l'accident qui l'a causé s'est produit à bord de l'aéronef ou au cours de toute opération d'embarquement ou de débarquement.

Ensuite, la Loi dit que le transporteur est responsable du dommage résultant de la perte, destruction ou avarie des bagages dont le passager a conservé la garde, à condition que le fait qui l'a causé se soit produit entre le moment où il est monté à bord de l'aéronef et celui où il est descendu.

Le transporteur est en outre responsable du dommage survenu en cas de destruction, perte ou avarie des bagages enregistrés par le seul fait qu'il s'est produit à bord de l'aéronef ou au cours de la période durant laquelle il en avait la garde.

Le transporteur est responsable du dommage survenu en cas de destruction, perte ou avarie de la marchandise par le fait qu'il s'est produit pendant qu'il en avait la garde.

Enfin, le transporteur est responsable du dommage résultant d'un retard dans le transport aérien des passagers, des bagages ou des marchandises.

2. La responsabilité à l'égard des tiers à la surface et le montant de réparation[133]

La même Loi poursuit que l'exploitant d'un aéronef est responsable des dommages causés aux personnes ou aux biens des tiers à la surface par les évolutions de l'aéronef, les personnes ou les objets qui en tomberaient.

---

[132] Arts. 136 à 140 de la Loi n° 10/014 du 31 décembre 2010 relative à l'aviation civile.
[133] Arts. 141 al. 1 et 143 de la Loi n° 10/014 du 31 décembre 2010 relative à l'aviation civile.

Concernant le montant de la réparation due par l'ensemble des personnes responsables, il ne peut excéder par aéronef et par événement :

a.   300.000 droits de tirage spéciaux pour les aéronefs dont le poids est inférieur ou égal à 2.000 kilogrammes ;

b.   300.000 DTS plus 175 DTS par kilogramme excédant 2.000 kilogrammes pour les aéronefs dont le poids est supérieur à 2.000 kilogrammes et inférieur à 6.000 kilogrammes ;

c.   1.000.000 DTS plus 62,5 DTS par kilogramme excédant 6.000 kilogrammes pour les aéronefs dont le poids est supérieur à 6.000 kilogrammes et inférieur ou égal à 30.000 kilogrammes ;

d.   2.500.000 DTS plus 65 DTS par kilogramme excédant 30.000 kilogrammes pour les aéronefs dont le poids est supérieur à 30.000 kilogrammes.

Il est précisé que le montant de la réparation en cas de mort d'homme ou de lésion ne peut être inférieur à 125.000 DTS par personne tuée ou blessée.

3.   Droit de tirage spécial. Quid ?

Que signifie un « droit de tirage spécial » ? En effet, la Loi de 2010 a juste mentionné le mot sans en donner le sens. Laurent Chassot explique que le droit de tirage spécial est une unité de compte du Fonds monétaire international. Il s'agit d'une unité monétaire fictive, composée sur la base d'un panier de différentes devises[134]. Ces devises peuvent être converties en Francs, en Euros, en Dollars…

Mais selon la Convention de Rome sur la responsabilité quant aux dommages causés aux tiers à la surface par les aéronefs, cette somme est considérée comme se rapportant à une unité monétaire constituée par 65,05 milligrammes d'or. Elles peuvent aussi être converties dans chaque monnaie nationale. La conversion de ces monnaies en monnaies

---

[134] L. CHASSOT, art. cit.

nationales autres que la monnaie-or s'effectuera, s'il y a eu une instance judiciaire, suivant la valeur or de ces monnaies à la date du jugement[135].

Cependant, si on prenait la conversion en monnaie-or, on pourrait aboutir au résultat suivant :

Selon le cours de l'or ou prix de l'or en temps réel, le prix d'un gramme d'or massif (c'est-à-dire 24 carats d'or contenant 99,9 % d'or) peut s'échanger à 40 € ; or 1 €= 1,116 $[136].

Pour aboutir au calcul, on prend :

1g=1.000 mg

1 mg=0,001 g

Si 1 g d'or=40 €, 1 mg d'or sera égal à 0,001×40= 0,04 €.

En suivant l'unité monétaire de la Convention de Rome qui est de 65,05 mg d'or, on pourra aboutir au calcul suivant, sachant que 65,05 mg = 0,065 05 g :

0,06505 g×40 €=2,602 €.

Sachant que 1 €=1,116 $, les 2.602 € x1, 116 $=29.038 $.

Concrètement, en prenant l'exemple de la Loi n° 10/014 du 31/12/2010 sur le montant de la réparation en cas de mort d'homme ou de lésion, il est dit que le montant ne peut être inférieur à 125.000 DTS par personne tuée ou blessée.

On prendra les 125.000 DTS×65,05 mg d'or = 8.131.250 en monnaie d'or.

En convertissant les 8.181.250 monnaies d'or en Euro, nous aboutirons à :

8.131.250×0,04 €= 325.250 €.

Pour convertir ces 325.250 € x1, 116 $= 362.979 $.

Pour convertir ce montant final en Franc congolais, on aura :

362.979× 1.000 FC nous donne 362.979.000 FC.

Ce montant final en Franc congolais nous fait l'idée de ce que doit donner la compagnie en cas de lésion ou du décès causés par elle[137].

---

[135] Art. 11 de la Convention de Rome.

[136] Anonyme, « Cours de l'or (Euro&Dollars), prix de l'or en temps réel », disponible sur www.gold.fr/cours-or-prix-de-l-or (Consulté le 17/08/2016 à 12 :06).

[137] Ce calcul a été fait selon le taux d'échange en cours au mois d'août

4. Les clauses limitatives de responsabilité

Toujours dans les notes de cours de droit des obligations dispensées par le professeur Jean-Claude Mubalama Zibona, il est mentionné que ces clauses ne jouent pas lorsque l'inexécution du contrat est intentionnelle. Cela veut dire que la limitation du montant des dommages et intérêts est écartée en cas de dol du débiteur, car on ne saurait protéger un débiteur de mauvaise foi[138].

Il s'agit des clauses de non-responsabilité ou clauses élisives de responsabilité. Elles sont valables en vertu du principe de la liberté des conventions. Il est question de savoir si par convention les parties peuvent exonérer complètement le débiteur de sa responsabilité en cas d'inexécution ou de retard d'exécution de son obligation[139]. Toutefois, le principe d'exonérer par convention de responsabilité contractuelle connaît des atténuations :

• En cas de faute lourde et de dol du débiteur, la clause d'exonération n'a aucun effet. Il est inéquitable et contraire à l'ordre public de s'exonérer à l'avance contre son dol ou sa faute lourde, étant donné que le dol et la faute lourde sont des questions de fait laissées à l'appréciation du juge.[140]

• Au cas où l'engagement du débiteur risque de ne pas être sérieux à la suite d'une clause d'irresponsabilité[141].

Ainsi donc, en matière du droit aérien congolais, certaines règles d'aviation prévoient aussi des clauses selon lesquelles en cas de dommage, la compagnie décline toute responsabilité. Ce sont des clauses élisives de responsabilité. Ces clauses ne peuvent néanmoins être valables lorsqu'elles se rapportent à l'intégrité physique (tel est le cas d'une compagnie aérienne qui déclinerait sa responsabilité en cas de crash). C'est le transporteur auteur d'une faute lourde qui, en principe, est tenu de répondre au dommage résultant de sa faute lourde.

2016.
[138] J.-C. MUBALAMA ZIBONA, *op.cit.*
[139] Ibidem.
[140] Ibidem.
[141] Ibidem.

L'art. 146 de la Loi sur l'aviation civile congolaise stipule que : « pour les dommages aux personnes visés à l'article 136 de la présente Loi et ne dépassant pas 100 000 droits de tirage spéciaux par passager, le transporteur ne peut exclure sa responsabilité »[142].

S'agissant des assurances, la Loi sous examen précise que tout exploitant d'aéronef et tout transporteur aérien sont tenus de souscrire, selon le cas, une police d'assurance à responsabilité pour dommages causés aux tiers, aux passagers, aux bagages et marchandises[143]. Pour l'aéronef immatriculé en RDC, l'assurance est contractée auprès d'un assureur de droit congolais[144]. Pour les aéronefs immatriculés et assurés à l'étranger, leur solvabilité est vérifiée par l'AAC. Les exploitants doivent verser sans délai des avances fondées sur les besoins sociaux économiques immédiats des victimes et de leurs ayants droit[145].

CONCLUSION PARTIELLE

Le deuxième chapitre a traité de la réglementation du droit aérien en RDC. Nous avons présenté l'évolution législative en matière du droit aérien tant au niveau international que nationale, ainsi que le régime de responsabilité en droit aérien congolais.

La Loi de 2010 sur l'aviation civile en RDC l'emporte sur les autres textes nationaux antérieurs. Il serait cependant trop osé de croire en sa mise en œuvre effective ainsi qu'à son efficacité sans avoir des éléments qui le prouvent. Ceci nous pousse à faire un état des lieux à partir des faits réellement observés dans l'application du droit de transport aérien en

---

[142] Loi n° 10/014 n°10/014 du 31 décembre 2010 relative à l'aviation civile.
[143] Art. 156 de Loi n°10/014 n° 10/014 du 31 décembre 2010 relative à l'aviation civile.
[144] Art. 157 al 1 et 3 de Loi n° 10/014 n°10/014 du 31 décembre 2010 relative à l'aviation civile.
[145] Art. 158 al 2 de Loi n° 10/014 n°10/014 du 31 décembre 2010 relative à l'aviation civile.

RDC. Telle va être l'objet du troisième chapitre de la présente étude.

III. LES FACTEURS LIÉS À L'INEFFECTIVITÉ DU RÉGIME JURIDIQUE AÉRIEN CONGOLAIS ET LES PISTES DE SOLUTIONS

Après l'analyse de l'évolution du droit aérien dans le chapitre deuxième, le troisième chapitre va constituer la quintessence de notre étude. C'est ici que nous comptons mettre en lumière les déficiences du secteur aérien en RDC.

La RDC dispose de 21 aéroports. Parmi ces aéroports, 6 sont internationaux. Aéroport international hors classe : Kinshasa/N'djili. Aéroports internationaux de classe 1, catégorie 1 : Goma, Lubumbashi. Aéroports internationaux de classe 1, catégorie 2 : Gbadolite, Kisangani/Bangoka, Mbuji-Mayi. Il y a 15 aéroports nationaux. Aéroports nationaux de classe 2, catégorie 1 : Bukavu/Kavumu, Kananga, Kinshasa/N'dolo, Tshikapa. Aéroports nationaux de classe 2, catégorie 2 : Bandundu, Bunia, Gemena, Isiro, Kalemi, Kindu, Kisangani/Simi-Simi, Kolwezi, Lodja, Mbandaka, Muanda[146].

La RDC dispose également de 32 aérodromes. Aérodromes de classe 3, catégorie 1 : Bumba, Buta/Zega, Kahemba, Kikwit, Lisala, Tembo. Aérodromes de classe 3, catégorie 2 : Abumombazi, Basankusu, Boende, Boma, Ikela, Ilebo, Inongo, Kabalo, Kabinda/Ntunta, Kalima, Kamina/Ville, Kasongo, Kenge, Kiri, Kongolo, Libenge, Lubudi, Lusambo, Manono, Matadi, Nioki, Punia, Rutshuru, Shabunda, Tshumbe, Butembo[147].

La gestion de ces aéroports et aérodromes est assurée par la Régie des voies aériennes (RVA)[148] et par la Direction de l'aviation civile (DAC)[149].

---

[146] Voir http://www.rva-rdc.com/aeroportsaerodromes.php (consulté le 09/12/2016).
[147] Ibidem.
[148] Voir http://www.rva-rdc.com/missionsobjectifs.php (consulté le

Le secteur aérien congolais décrit ci-dessus fait face à beaucoup d'obstacles qui entravent son fonctionnement harmonieux. Ainsi, dans le présent chapitre, allons-nous présenter l'état de ce secteur, les conséquences de son mauvais état et enfin proposer des recommandations pour répondre aux défis auxquels il fait face.

III.1. L'ÉTAT DU SECTEUR AÉRIEN CONGOLAIS

Le régime juridique aérien congolais se heurte à un problème d'ineffectivité et d'inefficacité. Dans la présente section, nous allons montrer l'état préoccupant du secteur aérien congolais ainsi que les causes qui sont à la base de cette situation.

III.1.1. APERÇU SUR LE SECTEUR AÉRIEN CONGOLAIS

Le trafic aérien en RDC est actuellement assuré par les Nations Unies, essentiellement pour leurs besoins internes ou pour des livraisons humanitaires, et par quelques compagnies locales, toutes inscrites sur la liste noire de l'Union européenne (voir plus bas)[150].

En décembre 2014, l'OACI avait émis de « sérieux » doutes sur « la fiabilité non seulement des aéroports de la RDC, mais aussi de l'espace aérien congolais » qualifié de « trou noir où tout peut arriver »[151].

En effet, la RDC a connu des accidents d'avions à répétition qui ont fait plusieurs centaines de morts[152]. Nous n'allons parler ici que des crashs de ces deux dernières décennies.

25/08/2016).
[149] Voir http://www.aacrdc.org/html/mission.html (consulté le 25/08/2016). Cette énumération contient une liste de 53 aéroports et aérodromes. Si l'on ajoute l'aérodrome de Beni/Mavivi on obtient une liste de 54 aéroports et aérodromes (Annexe IX).
[150] Anonyme, « Sept morts dans l'atterrissage raté d'un airbus en RDC », art. cit.
[151] Ibidem.

Chronologiquement, ces crashs peuvent être présentés comme suit :

A. Le 8 janvier 1996 : crash d'un aéronef Antonov 32B à Kinshasa, plus de 800 victimes

Le 8 janvier 1996, un aéronef de fabrication ukrainienne causa un accident alors qu'il effectuait les manœuvres de décollage sur la piste de l'aérodrome national de N'dolo[153].

Malgré tout le contrôle prévu avant son décollage, cet aéronef avait terminé sa course taxi en plein marché. Le marché fut couvert de morts et de blessés. En effet, l'avion avait emporté sur son parcours bien de vies humaines, en l'occurrence des marchands, des clients, des gens qui se promenaient tout simplement ainsi que des biens mobiliers et des marchandises. Le pilote et le copilote en sortirent sains et saufs, alors que cela ne fut pas le cas pour le technicien[154].

L'ampleur de cette catastrophe fut grave. On estima les morts au nombre de 350 à 400 et les blessés au nombre de 500[155].

B. Le 10 octobre 1998 : un avion tombe à Kindu, une quarantaine de morts

Le 10 octobre 1998, un Boeing 727 de la compagnie privée Congo Airlines tombe peu après son décollage de l'aéroport de Kindu. « Selon le directeur de la compagnie, écrit Stephen Smith, trois membres d'équipage et trente-huit passagers, pour la plupart des femmes et des enfants, étaient à bord de l'avion »[156].

---

[152] Ibidem.
[153] Anonyme, « Janvier 1996-Crash à Kinshasa-Air Africa/Scibe CMMJ », disponible sur http://www.securiteaerienne.com/8-janvier-1996-crash-a-kinshasa-air-africa-scibe-cmmi/ (consulté le 20/08/2016).
[154] Ibidem.
[155] Ibidem.
[156] S. SMITH, « RD Congo : un avion abattu par un missile », disponible sur http://www.liberation.fr/planete/1998/10/12/rd-congo-un-avion-abattu-

C. Le 8 mai 2003 : la porte d'un avion Iliouchine 76 cède, 160 passagers portés disparus

L'appareil effectuait la liaison Kinshasa - Lubumbashi. Il transportait quelque 200 personnes, mais seule une quarantaine a survécu. Les victimes sont tombées à plus de 2000 mètres d'altitude après la rupture en plein vol de la porte arrière de l'appareil[157]. Les passagers étaient assis sur des bancs disposés dans le sens de la longueur de l'avion[158].

D. Septembre 2005 : crash d'un Antonov 26 de Kasai Airways, 17 morts

L'appareil reliait Boende, localité de la province d'Équateur en RDC, à la ville de Kinshasa. Alors qu'il traversait le ciel brazzavillois, l'avion est tombé dans les plateaux aux environs d'Igné situés à plus de 45 kilomètres au nord de Brazzaville sur la route nationale 2[159].

Le cargo a pris feu et a explosé. Les corps des personnes à bord ont été mutilés et déchiquetés. L'appareil contenait à son bord en plus de 4 membres d'équipage, tous de nationalité ukrainienne, 13 passagers dont une femme et des vivres[160].

E. Octobre 2007 : un Antonov-26 s'écrase sur la ville de Kinshasa, 50 morts et 30 blessés

Après son décollage de l'aéroport de N'djili, un Antonov 26 de la Compagnie « Africa One », affrété par la société Malila Airlift, n'est pas arrivé à prendre l'altitude et s'est écrasé sur

---

par-un-missile_250488 (consulté le 20/08/2016).

[157] S. TANGORA, « Accident en RDC : des passagers d'un Iliouchine basculent dans le vide », disponible sur http://www.sangonet.com/Fich5AcctualnterAfric/160p-Illiou-disparus-RDC.html (consulté le 20/08/2016).

[158] Ibidem.

[159] Anonyme, « Crash d'un Antonov 26 de la Kassai Airways (Congo) », disponible sur http://www.crash-aerien.news/forum/crash-d-un-antonov-26-de-la-kassai-airways-congo-t68.html (consulté le 20/08/2026).

[160] Ibidem.

un quartier de Kinshasa alors qu'il devait rejoindre la ville de Tshikapa[161].

Selon un habitant du quartier qui se trouvait à 500 mètres du drame, l'avion avait touché une dizaine des maisons et avait tout à coup pris feu. Il y avait des corps calcinés partout.

Selon le mécanicien de bord, l'unique rescapé, la cause possible, voire probable, de l'accident serait une simple défaillance mécanique.

D'après la source consultée, la compagnie Africa One avait été clouée au sol par arrêté ministériel congolais, mais elle avait étrangement vite récupéré ses certificats[162].

F. Le 15 avril 2008 : crash du DC9-51 de la compagnie Hewa Bora à Goma, 44 morts, 60 passagers rescapés, mais blessés, 13 disparus

Comme indiqué dans le titre, le bilan provisoire faisait état de 44 morts. Ce chiffre prend en compte les passagers de l'avion et les personnes qui se trouvaient au sol au moment de la catastrophe. Treize autres personnes qui se trouvaient au sol sont demeurées disparues. Quelques jours plus tard, le bilan des victimes du crash allait s'alourdir. Deux nouveaux corps furent découverts sous les décombres par la Croix rouge de Goma. Avec cette nouvelle découverte, le nombre provisoire des morts de ce crash passe désormais à 44 personnes[163].

G. Août 2010 : un crocodile cause un accident d'avion, 20 morts

C'est juste avant l'atterrissage qu'un avion Let-410 de la compagnie aérienne Filair du Congo s'est écrasé près de la

---

[161] Anonyme, « Série noire au Congo (RDC) », disponible sur http://www.crashdehabsheim.net/autre%20crash%20Kinshasa.htm (consulté le 20/08/2016).

[162] Ibidem.

[163] Voir http://www.radiookapi.net/sans-catégorie/2008/04/18/crash-de-goma-44morts-60passagers-rescapés-13-disparus (consulté le 09/12/2015).

ville de Bandundu causant la mort de 20 passagers et des membres d'équipage (pilote et copilote belges)[164].

L'enquête s'est penchée rapidement sur la thèse de la panne sèche. Mais sur la foi du témoignage de l'unique survivant du drame, il apparaît que l'un des passagers avait introduit illégalement un reptile dans l'appareil[165]. Pris de panique à la vue du crocodile, tous les passagers se sont précipités vers le poste de pilotage pour y trouver refuge. Cela a causé le déséquilibre de l'appareil et le crash s'en est suivi. Une vidéo montre le crocodile émergeant tranquillement des débris. Il a ensuite été découpé à la machette[166].

Il est à remarquer que la compagnie n'avait pas respecté la réglementation de l'IATA en ce qui concerne le transport des animaux à bord de l'aéronef. Ces derniers ont normalement leurs places dans les soutes pressurisées[167].

H.   Le 8 juillet 2011 : crash du Boeing 727 de Hewa Bora à Kisangani, 83 morts dont 79 passagers

Le crash du Boeing 727 de Hewa Bora, survenu un vendredi 8 juillet 2011 à Kisangani, n'est pas attribuable à une panne technique comme on le pensait. Le patron de la compagnie Hewa Bora, Stravros Papaioamou, déclara en effet qu'une erreur de guidage des stagiaires de la RVA à la tour de contrôle serait à l'origine de l'accident. Selon lui, l'avion était en parfait état de navigabilité et le dernier contact radio entre la tour de

---

[164] Anonyme, « Congo RDC, retro : un crocodile cause un accident d'avion avec au bilan 20 morts », disponible sur http://www.gabonlibre.com/Congo-RDC-retro-Un-crocodile-cause-un-accident-d-avion-avec-au-bilan-20-morts_a6486.html (consulté le 20/08/2016).

[165] Ibidem.

[166] Ibidem.

[167] F. SOUDAN, « Les vraies raisons du crash de Bandundu », disponible sur http://www.jeuneafrique.com/194572/societe/les-vraies-raisons-du-crash-de-bandundu/ (consulté le 20/08/2016). La pressurisation est une action d'élever ou de maintenir la pression d'un lieu clos ou quasi-clos, peu importe la pression du milieu environnant ; *Dictionnaire français*, disponible sur http://wiktionary.org (consulté le 23/08/2016).

contrôle et l'avion a révélé qu'en aucun cas, il n'a été question d'un problème technique de l'avion[168].

Notons dans le même ordre d'idées que les victimes de ce crash de Hewa Bora avaient réclamé l'indemnisation. Ils exigeaient que la nouvelle compagnie aérienne Fly Congo puisse liquider le passif de Hewa Bora[169].

I. Août 2011 : crash d'un Antonov de Tracep Congo

L'avion a crashé dans le parc national de Kahuzi Biega et tous les membres d'équipage ont péri[170]. Pas de nombre précis des passagers à bord ni les raisons du crash.

J. Janvier 2012 : crash d'un Antonov 28 à Namoya

Un Antonov 28 appartenant à la compagnie Tracept Congo de Bukavu a fait un crash, le lundi 30 janvier 2012, à 10 km à vol d'oiseau de Namoya dans la province du Maniema. Il provenait de Bukavu dans le Sud-Kivu, avec à son bord cinq personnes avec des bagages, ont indiqué les autorités provinciales. Les mauvaises conditions atmosphériques seraient à la base de cet accident[171].

K. Le 12 février 2012 : un jet privé s'écrase à l'aéroport de Bukavu, 5 morts

L'appareil en provenance de Kinshasa avait à son bord dix passagers. Il a amorcé son atterrissage au milieu de la piste, avant d'aller finir sa course dans une rivière, ont affirmé des sources aéroportuaires[172].

---

[168] Voir http://www.radiookapi.net/actualité/2012/04/28/Kisangani-les-victimes-du-crash-de-hewa-bora-de-juillet-2011-reclamant-leur-indemnisation (consulté le 09/12/2015).
[169] Ibidem.
[170] Anonyme, « Crash d'un Antonov à Namoya », disponible sur http://www.radiookapi.net/actualité/2012/01/31/maniema-crash-d'un-antonov-namoya (consulté le 09/12/2015).
[171] Ibidem.

Le proche collaborateur du chef de l'État, l'ancien député et ancien gouverneur du Katanga, Katumba Mwanke, le pilote et le copilote sont morts ainsi que 2 paysans qui se trouvaient dans le périmètre de la piste. Matata Ponyo, alors ministre des Finances, l'ambassadeur du chef de l'État, Antoine Ghonda et le gouverneur du Sud-Kivu, Marcelin Cishambo étaient grièvement blessés[173]. Des sources aéroportuaires ont indiqué qu'une erreur de pilotage serait à la base du drame[174].

L. Le 30 octobre 2012 : un avion évite de justesse de s'écraser à l'aérodrome de Butembo

Un avion de la Cetraca Aviation Service (CAS) a raté son atterrissage le mardi 30 octobre 2012 à 15 h, heure locale à l'aérodrome de Ruenda dans la ville de Butembo au Nord-Kivu. Le pilote a tout de même réussi à immobiliser l'appareil, un LTG, au bout de la piste. Les quinze passagers et les trois membres d'équipage à bord de l'avion en provenance de Goma en sont sortis sains et saufs[175].

M. Le 4 mars 2013 : un avion de la CAA s'écrase à Goma, 5 morts

Un Fokker 50 de la CAA qui reliait la ville de Lodja dans le centre du pays à Goma dans le Nord Kivu s'est écrasé dans un quartier résidentiel à près de sept kilomètres de l'aéroport de Goma. 8 personnes, dont 3 auraient survécu au crash, se trouvaient à bord de l'avion qui était principalement chargé de fret. Personne au sol n'aurait été touché[176].

---

[172] Anonyme, « RDC : un avion s'écrase à l'aéroport de Bukavu, 5 morts », disponible sur http://www.radiookapi.net/actualite/2012/02/12/rdc-avion-secrase-proximite-de-laeroport-de-bukavu (consulté le 20/08/2016).
[173] Ibidem.
[174] Ibidem.
[175] Voir http://www.radiookapi.net/actualité/2012/10/30/nord-kivu-avion-sest-ecrase-laerodrome-deruenda-butembo (consulté le 09/12/2015).
[176] Anonyme, « Crash en RDC : au moins 5 morts », disponible sur http://www.air-journal.fr/2013-03-05-crash-en-rdc-au-moins-5-morts-568449.html (consulté le 20/08/2016).

Aucune explication n'avait été donnée sur les raisons de l'accident qui est survenu sous une pluie battante[177].

N.   Mars 2013 : un Fokker 50 s'écrase dans l'est de la RDC

L'appareil, un Fokker 50 appartenant à la compagnie CAA, arrivait de la ville minière de Lodja dans la région du Kasai Oriental (Central), selon une source policière.

Il s'est écrasé un lundi en fin d'après-midi sur un quartier résidentiel au bord du lac Kivu, près des locaux de la Commission électorale nationale indépendante (CENI) et de la Direction générale des Migrations (DGM).

L'avion transportait 6 passagers et 3 membres d'équipage. Trois blessés ont été sortis de l'appareil et ont été immédiatement hospitalisés[178].

O. Le 1er novembre 2013 : un Antonov 27 rate son atterrissage à Kisangani, aucun mort

C'était un avant-midi à l'aéroport international de Bangoka à Kisangani. L'avion s'est abîmé au bout de la piste. Aucun mort, mais l'avion était fortement endommagé[179].

Selon les sources aéroportuaires, l'appareil avait à son bord 15 passagers civils et militaires qui venaient de Goma à destination de Kinshasa. Suite à une défaillance constatée en plein vol, le pilote a préféré atterrir à l'aéroport le plus proche, celui de Kisangani[180].

P.   Juin 2014 : atterrissage forcé d'un avion d'Air-Tropic à Bukavu

---

[177] Ibidem.
[178] Voir http://www.radiookapi.net/lu-sur-le-web/2013/03/05/rdc-seules-9-personnes-etaient-au-bord-de-l'avion-qui-s'est-ecrasé-la-croix (consulté le 09/10/2015).
[179] Anonyme, « Un avion rate son atterrissage à Kisangani », disponible sur http://www.radiookapi.net/en-bref/2013/11/01/un-avion-rate-son-atterrissage-a-kisangani/ (consulté le 20/08/2016).
[180] Ibidem.

Cet avion de marque Beechcraft, King Air 200, appartenant à la compagnie congolaise Air-Tropic, provenait de Kinshasa et devait atterrir à l'aéroport international de Goma. Il a dû effectuer un atterrissage forcé à l'aéroport de Kavumu. L'appareil n'a pas connu de dégâts majeurs et les 5 personnes à bord en étaient sorties saines et sauves[181].

Q. Août 2014 : l'avion de Doren Air Congo retrouvé calciné, 4 morts

Disparu quelques minutes après son décollage de l'aéroport de Kavumu, l'avion a été retrouvé calciné lundi 25 août dans la localité de Mulume Munene, en plein parc de Kahuzi Biega. Il avait embarqué 4 personnes à savoir le pilote, son copilote, 2 passagers ainsi que 1500 kg de marchandises[182].

R. Octobre 2014 : crash près de l'aéroport de Shabunda, 3 blessés graves

À quelques minutes de son atterrissage à l'aéroport de Shabunda au Sud-Kivu, l'avion cargo immatriculé 9Q-COT du type Let 410 de la compagnie Biega Air s'est coupé en deux. Le commandant de bord burundais et son copilote congolais furent grièvement blessés. Le bagagiste aussi était blessé. Quand aux marchandises, ils furent retrouvés calcinées. Les causes de l'accident ne sont pas connues[183].

S. Le 2 décembre 2014 : des autorités de la RDC échappent à un crash

---

[181] Anonyme, « Atterrissage forcé d'un avion d'Air-Tropic à Bukavu », disponible sur http://www.radiookapi.net/actualite/2014/06/27/atterrissage-force-dun-avion-dair-tropic-bukavu/ (consulté le 20/08/2016).

[182] Anonyme, « RDC : l'avion de Doren Air Congo retrouvé calciné », disponible sur http://www.radiookapi.net/actualite/2014/08/25/rdc-lavion-de-doren-air-congo-retrouve-calcine/ (consulté le 20/08/2016).

[183] Anonyme, « Sud-Kivu : un avion s'écrase près de l'aéroport de Shabunda », disponible sur http://www.radiookapi.net/actualite/2014/10/26/sud-kivu-avion-secrase-pres-de-laeroport-de-shabunda/ (consulté le 20/08/2016).

Le président de l'Assemblée nationale, le ministre des Affaires étrangères, certains députés nationaux ainsi que d'autres personnalités congolaises ont échappé le mardi 2 décembre à un crash. L'avion du gouvernement congolais qui les ramenait de Dakar où ils avaient participé au XVe sommet de la Francophonie a connu un déséquilibre alors qu'il était en plein vol. Le déséquilibre fut causé par la déflagration d'un hublot[184]. Le pilote avait décidé de ramener l'appareil à Dakar pour éviter une catastrophe[185].

Le ministre de Transport fut entendu par les députés nationaux à ce sujet pour répondre aux questions sur le lieu de l'achat de l'avion et l'état de son entretien, « parce que n'eût été la maîtrise du pilote, on aurait pu franchir un cap de détresse grave », a affirmé un député[186].

T. Le 28 décembre 2014 : crash d'un Antonov 4 ASS à Uvira, 6 morts

Un avion-cargo s'est écrasé dimanche 28 décembre sur la montagne de Kafinda à 25 kilomètres de la cité d'Uvira (Sud-Kivu) avant de prendre feu dans la forêt. L'accident s'est produit vers 3 h du matin, quelques minutes seulement après le décollage de l'appareil de l'aéroport de Bujumbura au Burundi. Les autorités territoriales d'Uvira ont affirmé que l'avion provenait d'Entebbe en Ouganda et se rendait à Pointe noire, au Congo Brazzaville ; qu'il avait fait une escale à Bujumbura pour se ravitailler. Aucune précision sur la cause du crash[187].

---

[184] Anonyme, « RDC : plusieurs autorités échappent à un crash à leur retour au sommet de la Francophonie », disponible sur http://www.radiookapi.net/actualite/2014/12/02/rdc-plusieurs-autorotes-echappent-crash-leur-retour-du-sommet-de-la-francophonie/ (consulté le 20/08/2016).

[185] Ibidem.

[186] Ibidem.

[187] Anonyme, « RDC : le crash d'un Antonov fait 6 morts à Uvira », disponible sur http://radiookapi.net/actualite/2014/12/29/rdc-le-crash-dun-antonov-fait-6-mrts-uvira (consulté le 20/08/2016).

U.   Le 24 décembre 2015 : un Airbus rate son atterrissage à Mbuji-Mayi, 8 morts

8 personnes ont trouvé la mort et 9 autres ont été grièvement blessées après qu'un Airbus A320 cargo de la compagnie Service Air a terminé sa course au-delà des limites de la piste d'atterrissage, le jeudi 24 décembre 2015, à l'aéroport de Bipenda, à Mbuji-Mayi. Les 4 membres d'équipage en sont sortis sains et saufs et ont été entendus par le procureur général près la cour d'appel de Mbuji-Mayi[188]. Selon les dires du pilote, rapportés par le journal *Le Monde* qui parle de 7 morts, le « cargo a connu un problème de freinage sous une pluie battante »[189].

Sous couvert de l'anonymat, un agent de la RVA s'est exprimé en ces termes : « toutes les personnes tuées étaient dans leurs maisons dans les parages de l'aéroport »[190].

Nous venons de passer en revue divers crashs qui se sont produits avec des avions opérant en RDC ou qui ont eu lieu sur son territoire. Ces crashs à répétition ont des causes qu'il convient de présenter ci-dessous.

III.1.2. LES CAUSES DES CRASHS

La situation désastreuse que connaît le secteur aérien congolais s'explique par plusieurs facteurs. Nous pouvons citer :

A. L'absence d'un cadre juridique et réglementaire approprié et le manque des ressources appropriées

---

[188] Anonyme, « RDC: un avion rate son atterrissage à Mbuji-Mayi, 8 morts », art. cit.
[189] Anonyme, « Sept morts dans l'atterrissage raté d'un airbus en RDC », art. cit.
[190] Ibidem.

Ces faiblesses empêchent l'Administration de mener efficacement ses diligences en matière de supervision de sécurité/sûreté aérienne[191].

Nous ne pouvons donc que constater que la carence législative due à l'absence d'un arsenal législatif approprié à même de régir efficacement ce secteur est à la base de toute sorte de distorsions.

B. L'inobservation des conditions de vol

Disons que pour qu'un aéronef survole un territoire, il existe des conditions à remplir dans le chef de cet aéronef.
L'aéronef doit disposer
- d'un laissez-passer qui est un document de navigabilité ;
- d'un certificat d'immatriculation ;
- d'un certificat de navigabilité ;
- des licences appropriées pour chaque membre d'équipage ;
- du carnet de route ;
- s'il est muni d'appareils radioélectriques, de la licence de la station radio de l'aéronef ;
- s'il transporte des passagers, de la liste de leurs noms et lieux d'embarquement et de destination ;
- s'il transporte du fret, d'un manifeste et des déclarations détaillées de ce fret[192].
La délivrance d'un laissez-passer est possible dans les cas
- des vols de développement ;
- de la démonstration de la conformité aux règlements et aux spécifications de certificat y compris les vols de contrôle après maintenance ;
- de la formation du personnel de navigation d'un organisme de conception et/ou d'un organisme de production ;

---

[191] *Projet prioritaire de sécurité aérienne en RDC, rapport d'évaluation du projet*, 2010, p. 4.
[192] Convention de Chicago de 1944, article 29.

- du vol de réception en production d'un aéronef ;
- du transfert d'un aéronef en construction entre deux installations de production ;
- des vols destinés à obtenir l'acceptation de la clientèle ;
- de la livraison ou exploitation de l'aéronef ;
- des vols destinés à obtenir l'agrément des autorités ;
- des vols de démonstration commerciale et/ou de formation du personnel navigant d'un client ;
- de la démonstration et participation à un salon aérien ;
- de la convoyance de l'aéronef vers un lieu où il doit subir un entretien ou un examen de navigabilité, ou vers un dépôt ;
- du vol d'un aéronef à un poids supérieur à son poids maximal au décollage certifié sur une distance supérieure à la normale au-dessus d'une étendue d'eau où il existe des installations d'atterrissage convenables ou de carburant approprié ;
- des tentatives de record, courses aériennes ou compétitions analogues ;
- du vol d'un aéronef qui répond non aux exigences de navigabilité applicables avant que la conformité aux exigences environnementales n'ait été établie ;
- des vols non commerciaux d'un aéronef particulier de conception simple ou d'un type pour lequel il a été admis qu'exiger un certificat de navigabilité (normal ou restreint) serait inapproprié[193].

Le respect de ces conditions de vol n'est pas une réalité en RDC dans la mesure où beaucoup d'aéronefs survolent le territoire congolais (son espace) sans pour autant s'y conformer[194].

C. L'insécurité sur les pistes des aéronefs

---

[193] Anonyme, « Laissez-passer et approbations des conditions de vol, 31 janvier 2011 (mis à jour le 2 juin 2016) », disponible sur www.developpementdurable.gouv.fr/ (consulté le 11/8/2016).
[194] Anonyme, « janvier 1996 – Crash à Kinshasa – Air Africa / Scibe CMMJ », art. cit.

Il est important de souligner que l'insécurité sur les pistes des aéroports demeure préoccupante pour les voyageurs étant donné qu'ils sont traversés par les humains et par les animaux[195].

À titre d'exemple, en août 2011, à l'aéroport de Goma, la présence d'une vache sur la piste a failli causer la catastrophe pendant un atterrissage[196].

Pour donner un autre exemple, en septembre 2011, un avion de la Monusco en provenance d'Entebbe, qui amorçait déjà son atterrissage à l'aéroport de Kisangani, a dû subitement reprendre de l'altitude pour éviter un cycliste qui traversait la piste[197].

D. Le déficit en termes d'équipements

Le déficit en termes d'équipements est dû à l'état de dégradation avancée des infrastructures aéroportuaires et de vétusté des équipements d'aide à la navigation aérienne dans lequel se trouve le sous-secteur des transports aériens en RDC. Ceci induit des inerties opérationnelles qui empêchent ce mode de transport de remplir sa fonction.

Il est ainsi constaté, au niveau des aéroports, que des pistes et aires de stationnement des aéronefs construites depuis 1950 n'ont jamais été réhabilitées et sont par conséquent dans un état de fatigue générale des corps de chaussée. Des bâtiments techniques sont hors normes et les tours de contrôle dégradées n'assurent plus la visibilité panoramique requise à 360° ni celle des seuils en bout de piste.

Les positions de contrôle sont inadaptées du fait de l'exiguïté des vigies (poste d'observation) et de l'obsolescence

---

[195] Anonyme, « RDC : l'insécurité sur les pistes des aéroports préoccupe les voyageurs », art. cit. ; « Le réseau aérien congolais », disponible sur https://www.youtube.com/watch?v=rPU-uapA4BQ (consulté le 30/05/2016) et « Aviation Africaine Reportage Complément d'enquête Fr2, Crashs Accidents d'avions & liste noire », disponible sur https://www.youtube.com/watch?v=nIxojuVlfis (consulté le 31/05/2016).
[196] Ibidem.
[197] Ibidem.

des pupitres. Par ailleurs, les équipements d'aide à la navigation sont insuffisants ou inexistants selon les plateformes, rendant ainsi aléatoire la navigation aérienne sur l'ensemble de l'espace aérien.

Ajoutons également que les balisages lumineux et diurnes ont disparu faute d'une réhabilitation complète ; les casernes des pompiers sont dans un état précaire et les moyens d'intervention insuffisants, rendant ainsi inefficace la lutte anti-incendie ; l'alimentation en énergie électrique n'est ni fiable ni sécurisée sur les plateformes, ce qui se traduit par des ruptures dangereuses des services de balisage, notamment pour les vols nocturnes ; les systèmes d'atterrissage aux instruments intégrés aux pistes sont inexistants (absence de balises radio pour les appareils de repérage automatique intégrés dans les avions)[198].

E. Le dysfonctionnement des services techniques

Le service de contrôle n'est rendu que partiellement dans la portion d'espace supérieur couvert par le centre de contrôle régional de Kinshasa alors qu'il devrait l'être dans la totalité de l'espace aérien. La navigation aérienne devient dans ces conditions aléatoire avec des risques de collision d'aéronefs aux niveaux supérieur et inférieur, les services de communication air-sol étant incomplets.

Aussi, les services de phonie directe sont inexistants (utilisation fréquente des téléphones mobiles), les trois centres de contrôle régionaux de Kinshasa-N'djili, Lubumbashi et Kisangani sont installés dans des locaux inadaptés, sous-équipés (aide à l'atterrissage, télécommunications, locaux de maintenance, etc.). Cette situation contraint le contrôleur de la RVA, dont les effectifs sont limités, à utiliser des procédures non conformes qui affectent la sécurité des vols. Disons dans le même ordre d'idées que le service d'Alerte n'est pas non plus rendu et les opérations SAD (recherche de sauvetage) ne sont pas assurées dans les conditions prescrites par les normes et les

---

[198] *Projet prioritaire de sécurité aérienne en RDC, op. cit.*, p. 4.

pratiques recommandées. Quant aux capacités de maintenance, elles sont faibles, ce qui ne garantit pas la durabilité des investissements.

Les centres médicaux adéquats (en termes d'équipements sanitaires et médicaux) à même d'assurer la prise en charge des urgences sur les plateformes sont inexistants. Par ailleurs, les sapeurs-pompiers sont en nombre insuffisant et leurs capacités techniques restent à améliorer.

En matière de supervision de la sécurité aérienne, il n'existe pas de système efficace et pérenne relatif aux licences du personnel, à l'exploitation et à la navigabilité des aéronefs (10 inspecteurs formés pour un total requis de 50)[199].

F. Le problème d'assurance

D'emblée, il est mentionné dans l'exposé des motifs de la Loi portant Code des Assurances que l'assurance constitue une des activités essentielles au développement économique et social des pays modernes. D'une part, elle contribue à la sécurité des familles et à la pérennité des entreprises en compensant les conséquences des accidents qui menacent leur patrimoine ou la sécurité de leurs revenus ; d'autre part, elle suscite une épargne collective qui, étant investie au service de l'économie nationale, contribue fortement au développement de cette dernière[200].

Ainsi, en matière aérienne, la Loi de 2010 sur l'aviation civile et l'Ordonnance-Loi n° 66/622 du 25 novembre 1966 portant création d'une assurance obligatoire, obligent-elles l'exploitant à s'assurer auprès d'un assureur. Dans ce cas-ci, c'est de la Société Nationale d'Assurance (SONAS) qu'il s'agit.

Selon la Convention de Rome de 1933 à son article 12, l'assurance constitue une des formes de sécurité destinées à assurer le paiement des indemnités qui seraient dues par

---

[199] Ibidem.
[200] Loi n° 15/005 du 17 mars 2015 portant Codes des Assurances, exposé des motifs.

l'exploitant. En RDC, force est de constater que certaines compagnies aériennes ne se conforment pas à cette exigence légale. Lesdites compagnies se défendent en soulignant qu'elles n'ont pas de contrat d'assurance avec la SONAS pour leurs appareils.

On peut citer l'exemple de la CAA. Cette compagnie opère en RDC, elle transporte des Congolais qui payent leurs billets, leurs frets, mais elle ne veut pas s'assurer sur place pour des raisons qui ne sont pas connues[201]. Par conséquent, après le crash de son Fokker 50 à Goma, les victimes et leurs familles n'ont pas su à quel assureur s'adresser pour être indemnisées[202].

Un haut cadre de la SONAS a révélé que la compagnie Hewa Bora n'est pas non plus assurée en RDC. Pourtant en RDC l'assurance est obligatoire, et particulièrement pour les aéronefs, véhicules, engins de travaux publics, etc. La question est alors de savoir pourquoi cette compagnie refuse de souscrire à une police d'assurance pour ses aéronefs ? Ce haut cadre de la SONAS a souligné en outre que d'autres compagnies aériennes privées opérant sous le ciel congolais ne veulent toujours pas s'assurer en RDC[203].

Le patron de Hewa Bora a quant à lui indiqué que son entreprise est assurée à Londres auprès de Price Forbes and Partners et a accusé la SONAS de n'avoir pas su jouer son rôle d'assureur après cet accident, en n'indemnisant pas les victimes à la hauteur du sinistre subi. De son côté la SONAS a décliné toute responsabilité dans l'indemnisation des victimes au sol. La SONAS a en fait révélé que la compagnie aérienne était consciente du mauvais état de l'appareil et avait autorisé le pilote à décoller avec un moteur en panne depuis 15 jours,

---

[201] Anonyme, « RDC : la CAA n'est pas assurée par la Sonas », disponible sur http://www.radiookapi.net/economie/2013/03/05/crash-de-lavion-caa-la-sonas-se-dit-incapable-dindemniser-les-victimes (consulté le 09/12/2015).

[202] Ibidem.

[203] Anonyme, « Un haut cadre de la Sonas révèle que Hewa Bora n'est pas assurée en RDC », disponible sur http://www.congolanete.com/news/3269/hewa-bora-assurance-victimes-avion-crach-sonas.jsp (consulté le 09/12/2015).

une boîte noire hors fonction depuis trois ans et une surcharge de marchandises[204]. Six ans après le crash, donc en 2014, la directrice générale de la SONAS, Carole Agito, avait affirmé que Hewa Bora n'a pas respecté les obligations d'entretien et de sécurité exigées dans le contrat d'assurance[205].

Ceci nous met dans une confusion sans issue. Prendre en compte la déclaration de qui dans ces affaires ?

Ainsi, les victimes du crash de N'dolo en janvier 1996 n'ont-elles toujours pas été indemnisées. C'est aussi le cas des victimes de l'Antonov fou de la compagnie El Sam survenu au quartier Kingasani en 2007 et de celles de Hewa Bora à Goma en avril 2008.

On peut se demander par quelle magie la compagnie Hewa Bora s'est procuré le certificat de navigabilité (CDN) que l'AAC ne délivre que sur présentation de la police d'assurance. Sans ce document, aucun aéronef ne peut survoler le ciel congolais. Ainsi, la responsabilité serait-elle partagée entre les compagnies aériennes et les autorités de l'aviation civile.

Partout en RDC les victimes continuent, jusqu'aujourd'hui, à pleurer sur leur sort. Elles ne sont pas satisfaites des moyens pris pour leur indemnisation[206].

G. La méconnaissance des droits des passagers aériens dans le chef de beaucoup de passagers

En RDC, les passagers aériens, voire même routiers, et maritimes ont du mal à connaître leurs droits et obligations. Cela est une situation qui continue à les mettre dans un état

---

[204] Anonyme, « Crash de Hewa Bora à Goma : la Sonas refuse d'indemniser les victimes au sol », disponible sur http://www.radiookapi.net/actualité/2014/04/30/crash-de-hewa-bora-goma-la-sonas-refuse-de-dedommager-les-victimes-au-sol (consulté le 20/08/2014).

[205] Ibidem.

[206] Anonyme, « RDC : trois des rescapés du crash de Kisangani en 2011 se disent abandonnés-RFI », disponible sur http://www.radiookapi.net/lu-sur-le-web/2013/02/14/rdc-trois-des-rescapes-du-crash-de-kisangani-en-2011-se-disent-abandonnes-rfi (consulté le 09/12/2015).

d'insécurité permanente parce que les compagnies d'aviation en profitent.

Un certain monsieur donne à ce propos un témoignage désolant : « il m'est arrivé à plusieurs reprises de prendre des vols de la CAL entre Kinshasa et Lubumbashi. Je vous laisse deviner l'état des pneus des trains d'atterrissage… J'ai également fait des trajets entre Kinshasa et Bandundu. Certains de ces voyages se sont faits dans des Antonov cargo transportant du tofu, les passagers étant assis dans la cale sur des chaises de jardin en plastique sans aucun arrimage au sol »[207].

Concernant les billets, il y a une certaine exagération dans la hausse du prix en RDC. Par exemple, avant août 2015, il a été observé une surchauffe dans la fixation des tarifs du prix des billets des passagers et de fret par certaines compagnies sous prétexte du principe de l'offre et de la demande. Pour un cas précis, il n'y a pas longtemps, un vol de deux heures entre Kinshasa-Goma se négociait autour de 1 280 dollars américains. Ce qui fait le double d'un aller-retour Kinshasa Johannesburg ou un aller-retour Kinshasa Bruxelles[208].

Les compagnies aériennes de la RDC seraient-elles plus confortables que celles d'ailleurs ?

En fait, sous d'autres cieux, les compagnies aériennes se livrent à une rude concurrence sur la qualité des services offerts à la clientèle dans l'objectif majeur de déplacer les voyageurs dans les conditions optimales de confort, de sécurité et de sûreté à moindre coût[209].

Pour remédier à la situation de la hausse du prix des billets, en août 2015, après négociation avec les opérateurs du secteur aérien en RDC, le ministre congolais de l'Économie, Modeste Bahati Lukwebo, avait signé un arrêté qui fixait à la baisse les

---

[207] F. DUCLOS, « Un autre crash en RDC », disponible sur http://www.air-journal.fr/2015-12-25-crash (consulté le 20/02/2016).
[208] Ibidem.
[209] J. NTELA NKANGA, « L'avion en RDC : tarifs scandaleux », disponible sur http://www.7sur7.cd/index.php/8-infos/7023-l-avion-en-rdc-tarifs-scandaleux#.V7_iyDWQ0ew (consulté le 26/08/2016).

prix des billets d'avion pour les vols domestiques à hauteur de 30 %[210].

Mais il faudrait encore voir comment rabaisser ce prix pour permettre à tout Congolais riche ou modeste d'avoir accès à bord d'un avion quand il le souhaite.

III.2. LES CONSÉQUENCES DES DYSFONCTIONNEMENTS DU SECTEUR AÉRIEN CONGOLAIS

Nous allons ici examiner l'impact de la mauvaise situation du trafic aérien de la RDC dans le pays lui-même et à l'extérieur du pays.

III.2.1. *LES CONSÉQUENCES AU NIVEAU INTERNE*

Force est de constater que les autorités du pays chargées de donner une image convenable au secteur de l'aviation civile congolaise semblent passives. D'où les problèmes majeurs suivants :

A.   La RDC n'est plus intéressante aux yeux des hommes d'affaires, touristes et autres voyageurs à travers le monde. Et pourtant, ils constituent des sources de revenus et des moteurs de la diplomatie par les transports[211].

B.   Les Congolais eux-mêmes ont perdu confiance en la fiabilité des compagnies aériennes opérant dans leur pays[212].

III.2.2. *LES CONSÉQUENCES AU NIVEAU EXTERNE*

---

[210] Anonyme, « RDC : annonce de la baisse des prix des billets d'avion », disponible sur http://www.radiookapi.net/2015/08/27/emissions/dialogue-entre-congolais/rdc-annonce-de-la-baisse-des-prix-des-billets-davion (consulté le 09/12/2015).

[211] Anonyme, « L'avenir de l'aviation civile en RDC au cœur d'un colloque », disponible sur http://congoplanete.com/news/3057/aviation-civile-en-republique-democratique-du-congo-au-coeur-un-colloque-laure-marie-kawanda.jsp (consulté le 30/05/2015).

[212] « Aviation Africaine Reportage Complément d'enquête Fr2, Crashs Accidents d'avions & liste noire », disponible sur https://www.youtube.com/watch?v=nIxojuVlfis (consulté le 31/05/2016).

Avant de choisir une compagnie aérienne en connaissance de cause, il est prudent de vérifier qu'elle ne figure pas sur la liste noire de l'Union européenne[213]. Cette liste présente les compagnies aériennes jugées peu sûres[214].

Les critères d'exclusion se font à partir de l'évaluation du niveau de sécurité des compagnies aériennes. En effet, les évaluations de la Commission européenne sont basées sur des normes internationales produites par l'OACI[215]. Au cours d'inspections réalisées au sol, une compagnie aérienne se retrouve placée sur la liste noire lorsqu'elle utilise des avions trop vieux ou mal entretenus ou si la compagnie fait preuve de mauvaise gestion, c'est-à-dire qu'elle tarde trop à résoudre les problèmes constatés ou en est simplement incapable[216].

Dans cette liste noire de l'Union européenne, plusieurs pays, en général africains ou asiatiques, reviennent très souvent à travers leurs compagnies nationales ou régionales[217]. Curieusement, le triste record du nombre de transporteurs déficients revient à la RDC ! Suivent l'Indonésie et le Kazakhstan qui se disputent les deuxième et troisième marches du podium[218].

Voici la liste des compagnies aériennes opérant en RDC et qui sont inscrites sur la liste noire de l'Union européenne :

• African Air Services Commuter; Air Baraka ; Air Castilla ; Air Fast Congo ; Air Malebo; Air Katanga; Air Tropiques; Armi Global; Business Airways;

• Biega Airways; Blue Airlines; Blue Sky; Bravo Air Congo; Business Aviation; Busy Bee Congo;

• Compagnie africaine d'Aviation ; Congo Express ; Congo Express Airlines ; Cetraca Aviation Service-CAS ; CHC Stellavia ;

---

[213] A. WEBBER, « Crash aérien : liste noire des compagnies aériennes », disponible sur http://www.voyagerluxe.com/crash-aerien-liste-noire-des-compagnies-aeriennes-740.html (consulté le 29/05/2016).
[214] Ibidem.
[215] Ibidem.
[216] Ibidem.
[217] Ibidem.
[218] Ibidem.

- Doren Air Congo ;
- Eagles Services ; Emeraude ; Enterprise World Airways, Ephrata Airlines;
- Filair ; Fly Congo;
- Galaxy Kavatsi; Gilembe Air Soutenance (GISAIR) ; Goma Express; GTRA;
- International Trans Air Business;
- Jet Congo Airlines;
- Katanga Airways; Katanga Express; Katanga Wings; Kin Avia; Korongo Airlines;
- LAC-Lignes Aériennes congolaises ;
- Malu Aviation ; Mango Airlines ; Mavivi Air Trade;
- Okapi Airlines;
- Patron Airways;
- Pegasus;
- Safe Air; Services Air; Sion Airlines; Stellar Airways; Swala Aviation;
- TMK Air Commuter; Tracep Congo; Trans Air Cargo Services, Transair Cargo Services ;
- Waltair Aviation; Will Airlift; Wimbi Dira Airways
- Zaabu International.

Avec cette liste nous pouvons constater la marginalisation des compagnies aériennes basées en RDC. Il serait donc urgent que les autorités du ministère des Transports et Voies de Communication prennent des mesures pour améliorer l'image du secteur aérien au niveau national et sur l'échiquier international.

III.3. LES PISTES DE SOLUTIONS

La RDC occupe une position stratégique en ce qui concerne le transport aérien au plan régional et international, dans la mesure où la plupart des vols entre l'Afrique australe et l'Afrique de l'Ouest et de l'Est utilisent son vaste espace aérien[219].

---

[219] *Projet prioritaire de sécurité aérienne en RDC, op. cit.*, p. 4. Voir aussi

Cet intérêt indéniable que revêt l'espace aérien congolais montre combien il est nécessaire qu'il fonctionne correctement. Et pour y arriver, il faut juguler tous les défis auxquels ce secteur continue à faire face.

Les pistes de solutions que nous proposons se rapportent d'une part aux faiblesses législatives et d'autre part au fonctionnement défectueux de l'espace aérien.

III.3.1. LES PISTES DE SOLUTIONS REMÉDIANT AUX FAIBLESSES LÉGISLATIVES

À titre liminaire, disons que la RDC a procédé à la reforme et à la modernisation du cadre juridique et institutionnel du transport aérien par la Loi n° 10/014 du 31 décembre 2010 relative à l'aviation civile. En exécution de cette Loi, plusieurs textes réglementaires ont été édictés, notamment pour fixer les conditions d'octroi de la licence d'exploitation de services aériens et du certificat de transporteur aérien, d'une part et les normes de conception, de construction et d'exploitation technique des aérodromes ouverts à la circulation publique, d'autre part.

Parmi les innovations caractéristiques du nouveau droit aérien congolais en pleine construction, on pourrait épingler la création de l'hypothèque et des privilèges sur les aéronefs qui, avant la réforme de 2010, étaient soumis au régime de droit commun. Le droit congolais s'est en effet inspiré du régime de sûreté aérienne organisé par le code français de l'aviation civile.

La Communauté économique et monétaire des États d'Afrique Centrale (CEMAC) dispose également d'un code d'aviation civile qui s'est de même inspiré du droit français.

Toutefois les deux régimes, CEMAC et RDC, présentent des différences notables quant à la forme de l'acte constitutif d'hypothèque aérienne et la durée de validité de celle-ci.

« Le réseau aérien congolais », disponible sur https://www.youtube.com/watch?v=rPU-uapA4BQ (consulté le 30/05/2016).

Alors qu'en droit de la CEMAC, l'acte constitutif peut être authentique ou sous seing privé, en droit congolais l'hypothèque est, sous peine de nullité, constituée par un acte authentique. En outre, le délai de conservation de l'hypothèque en droit de la CEMAC est fixé à 10 ans à compter de la date d'inscription, alors qu'il est de 5 ans en droit congolais.

Mentionnons également que la Communauté économique des États de l'Afrique centrale (CEEAC) a adopté en juin 2012 un projet de code de l'aviation civile, inspiré de celui de la CEMAC[220].

Il est nécessaire que la RDC, à l'instar des deux organisations précitées (la CEMAC et la CEEAC), dispose également d'un code d'aviation civile qui pourra contenir en son sein tous les textes importants pour une réglementation efficace et appropriée de son espace aérien.

La poursuite de la réforme de la Régie des voies aériennes (RVA) pour sa transformation en société commerciale par la Loi n° 08/007 du 7 juillet 2008 portant disposition générale relative à la transformation des entreprises publiques est une avancée à saluer. En tout cas, la nécessité d'un code moderne de l'aviation civile conforme aux recommandations de l'organisation de l'aviation civile internationale (OACI) s'impose pour fixer un cadre institutionnel approprié de gestion liée aux conditions d'immatriculation, de propriété et de circulation des aéronefs, aux dommages et responsabilités, à l'exploitation des aérodromes, au contrôle sanitaire, à la formation aéronautique, aux enquêtes techniques relatives aux accidents/incidents, à la perception des redevances et aux régies.

La réforme de la RVA permettra d'améliorer son exploitation et sa rentabilité et surtout d'ouvrir des perspectives en termes de financement, d'investissements aéroportuaires par le biais, notamment, de concessions

---

[220] E. MUKENDI WAFWAMA & Associates, « Les sûretés aériennes en République démocratique du Congo et dans l'espace CEMAC », disponible sur http://www.lexology.com/library/detail.aspx?g=250a9c67-bfd6-4872-a0e0-eaebb8764883 (consulté le 26/08/2016).

d'investissements aéroportuaires et de partenariats public-privés[221].

Outre ces voies de solutions se rapportant aux faiblesses institutionnelles repérées dans ce secteur, des voies de solutions pour un fonctionnement harmonieux de l'espace aérien congolais méritent d'être proposées.

III.3.2. LES PISTES DE SOLUTIONS REMÉDIANT AU FONCTIONNEMENT DÉFECTUEUX DE L'ESPACE AÉRIEN CONGOLAIS

Les pistes de solutions dont il est question ici sont les voies et moyens à mettre en œuvre pour juguler les insuffisances du secteur de la sécurité aérienne en RDC. Il s'agit notamment de :

A.   La certification des aéroports de la RDC

Pour besoin de fiabilité et d'efficacité, les divers systèmes de navigation dont les aéroports de la RDC sont dotés, doivent être contrôlés par des organismes attitrés afin d'offrir toutes les garanties nécessaires pour une aide optimale à la navigation aérienne. Les compagnies aériennes doivent également être certifiées[222].

Le commandant Baudouin Rudahindwa, alors président de l'Union Nationale des Pilotes du Congo (UNPC), avait tiré la sonnette d'alarme en 1997-1998 pour dénoncer les multiples violations des législations en matière d'aéronautique civile[223].

Il s'agit :

• du contrôle des licences des pilotes ;

• de l'obligation pour les pilotes d'aller au simulateur tous les six mois ;

---

[221] *Projet prioritaire de sécurité aérienne en RDC, op. cit.*, pp. 2-3.
[222] Anonyme, « RDC, les défis de la sûreté aérienne », disponible sur http://www.7sur7.cd/index.php/8-infos/8045-rd-congo-les-defis-de-la-sûreté-aérienne.VI/KO1480ew (consulté le 28/11/2015).
[223] Anonyme, « Un haut cadre de la Sonas révèle que Hewa Bora n'est pas assurée en RDC », art. cit.

- du contrôle préalable de l'état des aéronefs par des spécialistes de l'aviation civile à partir des pays d'origine.

L'UNPC avait particulièrement dénoncé la présence de nombreux pilotes étrangers ne parlant ni l'anglais ni le français pour pouvoir communiquer avec le personnel des tours de contrôles des différents aéroports du pays. Cela fait aussi l'une des causes des crashs en RDC.

Pour ce faire, il faudra procéder à la formation des experts aéronautiques en vue de contrôler cette certification. Cela passe par le recrutement et la formation de nouveaux cadres de l'AAC ainsi que par le renforcement des compétences de ceux qui sont déjà opérationnels.

Concernant le projet de modernisation des aéroports congolais, la Banque africaine de développement (BAD) a signé en novembre 2010 avec le gouvernement de la RDC un accord de financement pour moderniser les aéroports internationaux de Kinshasa, Kisangani et Lubumbashi. Un projet qui coûterait plus de 150 millions de dollars américains[224].

La BAD doit financer ce projet à hauteur de 86 % et le gouvernement congolais 14 %. La RDC a déjà versé un acompte de 1 million de dollars pour le compte du gouvernement. La BAD attend la deuxième tranche du gouvernement congolais pour procéder au premier décaissement de sa part[225]. Il faut donc remarquer que cette modernisation n'a pas encore été réalisée, à part de petites réhabilitations constatées dans certains aéroports.

B. L'accélération du Programme d'actions prioritaires (PAP), dont la mise en place d'une politique de transport constitue l'un des volets

---

[224] Anonyme, « Sécurité aérienne : BAD-RDC, quid du projet de modernisation des aéroports congolais ? », disponible sur http://www.radiookapi.net/economie/2011/07/18/securite-aerienne-bad-rdc-quid-du-projet-de-modernisation-des-aeroports-congolais/ (consulté le 20/08/2016).
[225] Ibidem.

Cette politique a été entamée depuis l'an 2010. La vision du gouvernement en cette matière met l'accent sur le désenclavement intérieur et extérieur du pays par une prise en charge de la réhabilitation des infrastructures de base.

Comme souligné dans les développements précédents, les équipements et les infrastructures (pistes, tours de contrôle, blocs techniques et aérogares) se caractérisent par un état général de vétusté avancée. Les équipements de navigation aérienne souffrent donc de graves problèmes au regard des besoins du transport aérien et des normes et spécifications internationales.

Des avantages directs sont attendus du projet PAP, à savoir :

- la réduction du taux d'accidents et d'incidents ;
- la réduction des coûts d'exploitation des compagnies aériennes ;
- l'augmentation des revenus générés par les activités aéronautiques (maîtrise des informations sur les vols et survols) et extra-aéronautiques, du fait de l'accroissement induit du trafic passant par les aéroports concernés ;
- les gains résultant d'une réduction proportionnelle des coûts d'entretien des infrastructures et des équipements[226].

C. La sensibilisation des passagers aériens sur leurs droits

L'ignorance de leurs droits est remarquable dans le chef des passagers aériens. La RDC n'est d'ailleurs pas en reste dans cette situation. Pourtant, la connaissance de ces droits par les passagers aériens va de pair avec les réclamations. Ceci est tout à fait logique étant donné que l'on ne saurait revendiquer le respect d'un droit violé lorsqu'on l'ignore.

Les Européens, par exemple, considèrent que les plaintes ou les suggestions peuvent contribuer à l'amélioration des services du transport aérien. Ainsi, la plupart des répondants devraient-ils contacter la compagnie aérienne pour ce type de réclamations.

---

[226] *Projet prioritaire de sécurité aérienne en RDC, op. cit.*, pp. IV-V, 1-2, 8.

À travers une étude menée par la Commission européenne, il a été constaté que moins de la moitié des répondants ayant subi un désagrément au cours de l'année ayant précédé l'étude en question ont introduit une plainte. De plus, seulement la moitié des personnes ayant déposé une plainte ont eu le sentiment que celle-ci a été traitée correctement[227].

Le contraste entre le peu de fois où les passagers exigent l'application de leurs droits et le mécontentement récurrent face aux services reçus, souligne la nécessité de faire connaître davantage les organismes chargés de l'application des droits. A cet égard, on pourrait même procéder à la création d'un organisme unique pour tous les types de plaintes[228].

L'institution du mécanisme des réclamations en RDC qui devra accompagner la divulgation des droits des passagers aériens mettrait ces derniers dans une position confortable et favoriserait ainsi leur sécurité.

D. Instauration d'un État de droit

Au niveau de chaque province de la RDC, il doit y avoir des organes institués en vue de procéder au suivi de différents cas des crashs d'avions. Ces organes pourront ainsi procéder à un état de lieux de la situation réelle observée sur le terrain et s'impliquer dans la protection des victimes de ces cas des crashs. Ceci pourra permettre aux victimes d'avoir une réparation adéquate pouvant les aider à être rétablies dans leurs droits. En effet, beaucoup de fois, elles se retrouvent abandonnées à leur triste sort.

La mise en place des sanctions doit être scrupuleusement appliquée à l'endroit des compagnies qui passeraient outre les règles édictées par la législation en la matière. Car une application effective et sévère des sanctions à l'endroit des contrevenants demeure salutaire.

---

[227] *Commission européenne, droits des passagers aériens*, Bruxelles, décembre 2009, p. 23.
[228] Ibidem.

Du reste, aucun secteur ne saurait se porter à merveille dans un pays aussi longtemps qu'un véritable État de droit n'est pas de mise. Ainsi le bon fonctionnement du secteur aérien congolais dépendra-t-il du respect strict des lois en RDC, et cela, dans tous les secteurs de la société.

CONCLUSION PARTIELLE

Notre troisième chapitre vient de traiter de la mise en œuvre du régime juridique aérien congolais.

Nous avons présenté l'état du secteur aérien congolais qui démontre bel et bien l'inefficacité de ce régime, et ce, entre autres à travers les crashs d'avions qui se produisent à répétition sur l'espace aérien congolais. Ces accidents d'avions ont été présentés selon une démarche chronologique en prenant seulement en compte ces 20 dernières années.

Nous avons donné les causes de cet état désastreux du secteur aérien congolais et présenté ses conséquences pour l'image du pays au niveau national et international. Nous avons fini par proposer des solutions pour remédier à la situation.

CONCLUSION GÉNÉRALE

Nous voici au terme de notre étude ayant porté sur « La réglementation du transport aérien en République démocratique du Congo ».

Cette réglementation est constituée en plus des textes nationaux, de divers traités et accords internationaux qui se rapportent au transport aérien et auxquels la RDC a souscrit.

Le constat a révélé que le secteur aérien congolais est dans un état assez lamentable.

A cet égard, nous avons affirmé que le régime juridique aérien congolais est tout simplement ineffectif, expliqué les raisons de cette ineffectivité et envisagé les pistes de solutions susceptibles d'apporter une amélioration au secteur aérien congolais.

Pour mener à bien notre travail, nous nous sommes servie des méthodes juridique, analytique et comparative complétées par la technique documentaire.

Ceci nous a amenée à subdiviser notre étude en trois chapitres.

Le chapitre premier a donné un aperçu sur l'évolution de l'aviation civile en RDC. Nous y avons exposé les péripéties connues par les compagnies aériennes depuis le temps de la colonisation.

Le deuxième chapitre a porté sur la réglementation du droit aérien en RDC. Nous avons procédé à l'analyse des divers instruments juridiques internationaux ratifiés par la RDC et relatifs au transport aérien, et des textes nationaux y afférents. Nous avons également fait allusion au régime de responsabilité des acteurs en droit aérien congolais.

Le troisième chapitre a traité des facteurs d'ineffectivité dans la mise en œuvre du régime juridique aérien congolais. Nous avons commencé par présenter l'état du secteur aérien congolais marqué par plusieurs crashs d'avions. Nous avons ensuite montré les conséquences des dysfonctionnements de ce secteur aérien congolais au regard du pays lui-même et du monde. Nous avons enfin formulé quelques recommandations.

Nos pensons en effet que l'institution d'une réglementation appropriée et efficace en matière de transport aérien en RDC, l'accélération du programme d'actions prioritaires, dont la mise en place d'une politique en matière de transport aérien, ainsi que la sensibilisation des passagers aériens sur leurs droits peuvent être des voies de solutions pour sortir le secteur aérien congolais de la situation catastrophique dans laquelle il se trouve.

Certes, nous ne croyons pas avoir tout dit dans cette étude, néanmoins nous estimons avoir posé des bases qui peuvent être profitables au pays en matière du droit aérien et sur lesquelles d'autres chercheurs pourront approfondir cette thématique.

POSTFACE

A peine sortie de la Faculté de droit de l'Université catholique de Bukavu avec son diplôme de Licence (BAC+5), mademoiselle Nadine Muderhwa m'a approché pour me demander de présenter son ouvrage. C'est avec un bonheur inestimable que j'ai répondu à cet agréable devoir. A la lumière du parcours de l'auteure, la temporalité dans laquelle se situe ce livre augure un fructueux parcours dans la doctrine juridique congolaise.

A ma connaissance, les ouvrages d'auteurs congolais sur le droit aérien sont rares. Cette pénurie s'explique en bonne partie par la complexité du domaine. Le faible niveau du développement technologique ne permet pas à nos juges et avocats d'aborder avec compétence les litiges nés de la violation des règles relatives au transport aérien. La jurisprudence qui devrait alimenter les réflexions doctrinales est rare. De même, la place réservée à la matière dans les études de droit, en tant que simple cours d'option, explique en partie le faible investissement des chercheurs juristes sur la question. L'aporie de la doctrine et de la jurisprudence contraste avec les faits. En effet, les airs congolais figurent parmi les plus dangereux du monde. La plupart des compagnies congolaises se trouvent sur la liste noire, interdites de vol à l'étranger. Interdiction formelle est faite aux agents de nombreux organismes internationaux de voyager à l'intérieur du pays à bord des avions congolais. Cette méfiance découle de nombreux accidents mortels observés dans le secteur.

Pourtant, vue l'immensité du pays, 2.345.800 km², le transport aérien s'impose comme une voie de communication incontournable.

Dans ce contexte, le présent ouvrage sur « La réglementation du transport aérien en République démocratique du Congo » arrive à point nommé. Son contenu répond en partie aux hésitations qui freinent l'investissement des chercheurs et des praticiens du droit.

Dans un premier temps, l'auteure nous plonge dans le contexte congolais à travers l'histoire de l'aviation en RDC.

Elle nous conduit à comprendre la décadence des entreprises et services publics œuvrant dans le secteur de l'aviation.

Dans un second temps, l'auteure nous livre l'économie du droit applicable à ce contexte à travers l'examen de la réglementation du droit aérien congolais.

Contrairement à de nombreux juristes, l'auteure ne se limite pas à l'analyse de la norme. Elle en expose les limites et explore les pistes d'amélioration dans une troisième phase de sa réflexion.

L'ouvrage ouvre le débat dans un domaine longtemps déserté, en indiquant les premières perspectives sur les réformes législatives et institutionnelles.

Sans nul doute, la jeunesse, la perspicacité et la rigueur de l'auteure me permettent d'espérer présenter au public, dans un avenir proche, un second ouvrage sur les perspectives annoncées. J'espère, sur le même sujet, lire d'autres auteurs, de l'Université catholique de Bukavu, de la RDC et de tout autre pays qui partage le même contexte, tous inspirés par l'ouvrage de mademoiselle Nadine Muderhwa.

Pour reprendre l'expression chère à David Renders[229], je recommande ce livre à « *ceux qui, les pieds sur terre et la tête dans les étoiles* », œuvrent pour la fiabilité et l'effectivité des services publics en République démocratique du Congo.

Arnold NYALUMA MULAGANO
Professeur et Doyen de la Faculté de droit de l'UCB, Avocat
Bukavu (République démocratique du Congo)
7 novembre 2017

---

[229] David RENDERS, *Droit administratif*, 2ème édition, Bruxelles, Bruylant, 2017.

BIBLIOGRAPHIE

I. INSTRUMENTS JURIDIQUES

A. TEXTES INTERNATIONAUX

Convention de Paris, 13 octobre 1919.
Convention de Varsovie, 12 octobre 1929.
Convention de Chicago, 7 décembre 1944.
Conventions de Rome, 23 mai 1933 et 7 octobre 1952.
Convention de Guadalajara, 18 septembre 1961.
Convention de Tokyo, 14 septembre 1963.
Convention de La Haye, 16 novembre 1970.
Convention de Montréal, 23 septembre 1971.
Protocole additionnel de La Haye, 28 septembre 1955.
Protocole additionnel de Montréal n° 4, 25 septembre 1975.

B. TEXTES NATIONAUX

Constitution de la République démocratique du Congo, 18 février 2006.
Loi autorisant l'adhésion de la RDC à la convention relative à la réparation des dommages causés aux tiers par les aéronefs, signée à Montréal le 2 mai 2009.
Loi autorisant l'adhésion de la RDC à la convention pour l'unification de certaines règles relatives au transport aérien international, signée à Montréal le 28 mai 1999.
Loi n° 08/007 du 8 juillet 2008 portant disposition générale relative à la transformation des entreprises publiques.
Loi n° 10/014 du 31 décembre 2010 relative à l'aviation civile.
Loi n° 15/005 du 17 mars 2015 portant Codes des Assurances.
Ordonnance-Loi n° 78-009 du 29 mars 1978.

II. DOCTRINE

A. OUVRAGES

Dictionnaire français, disponible sur http://wiktionary.org (consulté le 23/08/2016).

LESSENDJINA IKWAME UPU'UZIA, *Le Droit aérien*, PUZ, Kinshasa, 1974.

LITVINE, M., *Précis élémentaire de droit aérien*, Bruxelles 1953.

NDAYWEL E NZIEM, I., *Histoire générale du Congo. De l'héritage ancien à la République démocratique*, De Boeck et Larcier, Département Duculot, Paris, Bruxelles, 1998.

B. RAPPORTS

Commission européenne, Droits des passagers aériens, Bruxelles, décembre 2009.

Manuel de la réglementation du transport aérien international. Approuvé par le Secrétaire général et publié sous son autorité, deuxième édition 2004, disponible sur https://www.icao.int/Meetings/atconf6/Documents/Doc%2096 26_fr.pdf (consulté le 13/01/2018).

Projet prioritaire de sécurité aérienne en RDC, Rapport d'évaluation du projet, Fonds africain de développement, 2010.

Situation de la République démocratique du Congo en ce qui concerne les instruments de droit aérien international, disponible sur http://www.icao.int/secretariat/legal/Status%20of%20individua l%20States/democratic_republic_of_the_congo_fr.pdf (consulté le 22/12/2016).

C. ARTICLES

Anonyme, « Air Zaïre », disponible sur https://fr.m.wikipedia.org/wiki/Air-Zaire (consulté le 16/01/2017).

Anonyme, « Atterrissage forcé d'un avion d'Air-Tropic à Bukavu », disponible sur http://www.radiookapi.net/actualite/2014/06/27/atterrissage-force-dun-avion-dair-tropic-bukavu/ (consulté le 20/08/2016).

Anonyme, « Aviation civile en RDC », disponible sur www.congoplanete.com (consulté le 03 mai 2016).

Anonyme, « Congo RDC, rétro : un crocodile cause un accident d'avion avec au bilan 20 morts », disponible sur http://www.gabonlibre.com/Congo-RDC-retro-Un-crocodile-cause-un-accident-d-avion-avec-au-bilan-20-morts_a6486.html (consulté le 20/08/2016).

Anonyme, « Cours de l'or (Euro & Dollars), prix de l'or en temps réel », disponible sur www.gold.fr/cours-or-prix-de-l-or (consulté le 17/08/2016 à 12 : 06).

Anonyme, « Crash de Hewa Bora à Goma : la Sonas refuse d'indemniser les victimes au sol », disponible sur http://www.radiookapi.net/actualité/2014/04/30/crash-de-hewa-bora-goma-la-sonas-refuse-de-dedommager-les-victimes-au-sol (consulté le 20/08/2014).

Anonyme, « Crash d'un Antonov à Namoya », disponible sur http://www.radiookapi.net/actualité/2012/01/31/maniema-crash-d'un-antonov-namoya (consulté le 09/12/2015).

Anonyme, « Crash d'un Antonov 26 de la Kassai Airways (Congo) », disponible sur http://www.crash-aerien.news/forum/crash-d-un-antonov-26-de-la-kassai-airways-congo-t68.html (consulté le 20/08/2026).

Anonyme, « Crash en RDC : au moins 5 morts », disponible sur http://www.air-journal.fr/2013-03-05-crash-en-rdc-au-moins-5-morts-568449.html (consulté le 20/08/2016).

Anonyme, « janvier 1996 — Crash à Kinshasa-Air Africa/Scibe CMMJ », disponible sur http://www.securiteaerienne.com/8-janvier-1996-crash-a-kinshasa-air-africa-scibe-cmmi/ (consulté le 20/08/2016).

Anonyme, « Kinshasa pleure Sabena », disponible sur http://www.afrik.com/article (consulté le 24/12/2016).

Anonyme, « Laissez-passer et approbations des conditions de vol, 31 janvier 2011 (mis à jour le 2 juin 2016) », disponible sur www.developpementdurable.gouv.fr/ (consulté le 11/8/2016).

Anonyme, « L'avenir de l'aviation civile en RDC au cœur d'un colloque », disponible sur http://congoplanete.com/news/3057/aviation-civile-en-republique-democratique-du-congo-au-coeur-un-colloque-laure-marie-kawanda.jsp (consulté le 30/05/2015).

Anonyme, « Le renouvellement de la flotte des L.A.C. : une obligation morale pour l'Etat congolais », disponible sur https://www.digitalcongo.net/article/2722 (consulté le 17/01/2017).

Anonyme, « Le réseau aérien congolais », disponible sur https://www.youtube.com/watch?v=rPU-uapA4BQ (consulté le 30/05/2016).

Anonyme, « Le transport aérien », disponible sur https://cairn.info/revue-economique (consulté le 08/08/2016).

Anonyme, « Les lignes aériennes congolaises », disponible sur http://www.lacrdc.com/documents/28.html (consulté le 17/01/2017).

Anonyme, « Les travailleurs des Lignes aériennes congolaises s'opposent à la liquidation de leur entreprise », disponible sur https://www.radiookapi.net/actualite/2013/05/05/les-travailleurs-des-lignes-aeriennes-congolaise-sopposent-la-liquidation-de-leur-entreprise (consulté le 17/01/2017).

Anonyme, « Préjudice, définition », in *Dictionnaire juridique*, disponible sur http://www.dictionnaire-juridique.com/definition/prejudice.php (consulté le 12/08/2016).

Anonyme, « Préjudice : Définition de préjudice », disponible sur www.cnrtl.fr/definition/préjudice (consulté le 12/08/2012).

Anonyme, « RDC : annonce de la baisse des prix des billets d'avion », disponible sur http://www.radiookapi.net/2015/08/27/emissions/dialogue-entre-congolais/rdc-annonce-de-la-baisse-des-prix-des-billets-davion (consulté le 09/12/2015).

Anonyme, « RDC : Congo Airways déjà sur la liste noire de l'union européenne avant d'avoir opéré son premier vol », disponible sur https://lepotentielonline.com/index.php?option=com-content&view=article&id=13007:rdc-congo-airways-deja-sur-la-liste-noire-de-l-union-europeenne-avant-d-avoir-opere-son-premier-vol&catid=90:online-depeches&Itemid=667 (consulté le 18/01/2017).

Anonyme, « RDC : la CAA n'est pas assurée par la Sonas », disponible sur http://www.radiookapi.net/economie/2013/03/05/crash-de-lavion-caa-la-sonas-se-dit-incapable-dindemniser-les-victimes (consulté le 09/12/2015).

Anonyme, « RDC : l'avion de Doren Air Congo retrouvé calciné », disponible sur http://www.radiookapi.net/actualite/2014/08/25/rdc-lavion-de-doren-air-congo-retrouve-calcine/ (consulté le 20/08/2016).

Anonyme, « RDC : le crash d'un Antonov fait 6 morts à Uvira », disponible sur http://radiookapi.net/actualite/2014/12/29/rdc-le-crash-dun-antonov-fait-6-mrts-uvira (consulté le 20/08/2016).

Anonyme, « RDC, les défis de la sûreté aérienne », disponible sur http://www.7sur7.cd/index.php/8-infos/8045-rd-congo-les-defis-de-la-sûreté-aérienne.VI/KO1480ew (consulté le 28/11/2015).

Anonyme, « RDC : l'insécurité sur les pistes des aéroports préoccupe les voyageurs », disponible sur http://www.radiookapi.net/actualité/2011/09/24/rdc-linsecurite-sur-les-pistes-des-aeroports-preoccupe-les-voyageurs/ (consulté le 20/08/2016).

Anonyme, « RDC : mauvais élève de l'aviation civile en Afrique », disponible sur www.lephareonline.net/rdc-mauvaise-eleve-de-laviation-civile-en-afrique/ (consulté le 19/01/2017).

Anonyme, « RDC : plusieurs autorités échappent à un crash à leur retour au sommet de la Francophonie », disponible sur http://www.radiookapi.net/actualite/2014/12/02/rdc-plusieurs-autorotes-echappent-crash-leur-retour-du-sommet-de-la-francophonie/ (consulté le 20/08/2016).

Anonyme, « RDC : trois des rescapés du crash de Kisangani en 2011 se disent abandonnés-RFI », disponible sur http://www.radiookapi.net/lu-sur-le-web/2013/02/14/rdc-trois-des-rescapes-du-crash-de-kisangani-en-2011-se-disent-abandonnes-rfi (consulté le 09/12/2015).

Anonyme, « RDC : un avion rate son atterrissage à Mbuji-Mayi, 8 morts », disponible sur http://www.radiookapi.net/2015/12/24/actualite/societe/rdc-crash-dun-avion-mbuji-mayi (consulté le 20/08/2016).

Anonyme, « RDC : un avion s'écrase à l'aéroport de Bukavu, 5 morts », disponible sur http://www.radiookapi.net/actualite/2012/02/12/rdc-avion-secrase-proximite-de-laeroport-de-bukavu (consulté le 20/08/2016).

Anonyme, « Règlement concernant le transport des passagers et des bagages », disponible sur www.flyuia.com/.../Rglement-concernant (consulté le 08/08/2016).

Anonyme, « Sécurité aérienne : BAD-RDC, quid du projet de modernisation des aéroports congolais ? », disponible sur http://www.radiookapi.net/economie/2011/07/18/securite-aerienne-bad-rdc-quid-du-projet-de-modernisation-des-aeroports-congolais/ (consulté le 20/08/2016).

Anonyme, « Sept morts dans l'atterrissage raté d'un Airbus en RDC », disponible sur http://www.lemonde.fr/afrique/article/2015/12/24/sept-morts-dans-l-atterrissage-rate-d-un-airbus-en-rdc_4837934_3212.html (consulté le 29/05/2016).

Anonyme, « Série noire au Congo (RDC) », disponible sur http://www.crashdehabsheim.net/autre%20crash%20Kinshasa.htm (consulté le 20/08/2016).

Anonyme, « Sud-Kivu : un avion s'écrase près de l'aéroport de Shabunda », disponible sur http://www.radiookapi.net/actualite/2014/10/26/sud-kivu-avion-secrase-pres-de-laeroport-de-shabunda/ (consulté le 20/08/2016).

Anonyme, « Un avion rate son atterrissage à Kisangani », disponible sur http://www.radiookapi.net/en-bref/2013/11/01/un-avion-rate-son-atterrissage-a-kisangani/ (consulté le 20/08/2016).

Anonyme, « Un haut cadre de la Sonas révèle que Hewa Bora n'est pas assurée en RDC », disponible sur http://www.congolanete.com/news/3269/hewa-bora-assurance-victimes-avion-crach-sonas.jsp (consulté le 09/12/2015).

Anonyme, « 1er vol Bruxelles-Léopoldville », disponible sur http://www.levi.be/actualite/insolite/depart-il-y-a-90-ans-du-premier-vol-bruixelles-leopoldville/article-normal-366317.html (consulté le 16/01/2017).

Anonyme, « 2,8 milliards de personnes voyagent en avion », disponible sur http://www.lefigaro.fr/supplement-partenaire/2012/11/05/06006-20121105ARTWWW00398-28-milliards-de-personnes-voyagent-en-avion.php (consulté le 07/08/2016).

CHASSOT, L., « Un survol des nouvelles règles de responsabilité du transporteur aérien : la perspective du pilote privé », in *Onglet SAG*, disponible sur http://docplayer.fr/7250800-Onglet-sag-un-survol-des-nouvelles-regles-de-responsabilite-du-transporteur-aerien-la-perspective-du-pilote-prive.html (consulté le 17/08/2016).

DUCLOS, F., « Un autre crash en RDC », disponible sur http://www.air-journal.fr/2015-12-25-crash (consulté le 20/02/2016).

GÖNENÇ, R., NICOLETTI, G., « Le transport aérien de passagers : réglementation, structure du marché et performance », in *Revue économique de l'OCDE*, 1/2001 (n° 32 °), p. 203-254, disponible sur www.cairn.info/revue-economique-de-ocde-2001-1-page-203.htm (consulté le 08/08/2016).

HOORENS, E., « Vols provenant du Congo-Belge », BCSC n° 109, disponible sur http://www.congoposte.be/posteaerienne.html (consulté la 22/12/2016).

http://www.aacrdc.org/html/mission.html (consulté le 25/08/2016).

http://www.planetoscope.com/Avion/109-vols-d-avions-dans-le-monde.html (consulté le 07/08/2016).

http://www.radiookapi.net/actualité/2012/04/28/Kisangani-les-victimes-du-crash-de-hewa-bora-de-juillet-2011-reclamant-leur-indemnisation (consulté le 09/12/2015).

http://www.radiookapi.net/actualité/2012/10/30/nord-kivu-avion-sest-ecrase-laerodrome-deruenda-butembo (consulté le 09/12/2015).

http://www.radiookapi.net/lu-sur-le-web/2013/03/05/rdc-seules-9-personnes-etaient-au-bord-de-l'avion-qui-s'est-ecrasé-la-croix (consulté le 09/10/2015).

http://www.radiookapi.net/sans-catégorie/2008/04/18/crash-de-goma-44morts-60passagers-rescapés-13-disparus (consulté le 09/12/2015).

http://www.radiookapi.net/2015/12/08/emissions/point-de-vue-des-jeunes/avantages-et-inconvenients-du-decoupage-territorial-en (consulté le 13/03/2017).

http://www.rva-rdc.com/aeroportsaerodromes.php (consulté le 09/12/2016).

http://www.rva-rdc.com/doc/ais.pdf (consulté le 29/05/2016).

http://www.rva-rdc.com/doc/cartedesaeroports.pdf (consulté le 29/05/2016).

http://www.rva-rdc.com/doc/cartedes_reseaux_vsat_rdc.pdf (consulté le 29/05/2016).

http://www.rva-rdc.com/missionsobjectifs.php (consulté le 25/08/2016).

MBALA BEMBA, L.-R., « Promesse tenue de Matata Ponyo : Congo Airways reçoit ses deux premiers avions », disponible sur http://fr.africatime.com/republique_democratique_du_congo/articles/promesse-tenue-de-matata-ponyo-congo-airways-recoit-ses-deux-premiers-avions (consulté le 17/01/2017).

MUKENDI WAFWAMA, E. & ASSOCIATES, « Les sûretés aériennes en République Démocratique du Congo et dans l'espace CEMAC », disponible sur http://www.lexology.com/library/detail.aspx?g=250a9c67-bfd6-4872-a0e0-eaebb8764883 (consulté le 26/08/2016).

NISENBAUM, C. M., « Le préjudice moral d'une victime, une indemnisation trop rare », disponible sur www.meimonnisenbaum.com/... /id-20-le (consulté le 12/08/2016).

NKANGA, J. N., « L'avion en RDC : tarifs scandaleux », disponible sur http://www.7sur7.cd/index.php/8-infos/7023-l-avion-en-rdc-tarifs-scandaleux#. V7_iyDWQ0ew (consulté le 26/08/2016).

SMITH, S., « RD Congo : un avion abattu par un missile », disponible sur http://www.liberation.fr/planete/1998/10/12/rd-congo-un-avion-abattu-par-un-missile_250488 (consulté le 20/08/2016).

SONCK, J. P., « De la SNETA à la SABENA », disponible sur http://www.congo-1960.be/autempsdeshandley.htm (consulté le 22/12/2016).

SOUDAN, F., « Les vraies raisons du crash de Bandundu », disponible sur http://www.jeuneafrique.com/194572/societe/les-vraies-raisons-du-crash-de-bandundu/ (consulté le 20/08/2016).

TANGORA, S., « Accident en RDC : des passagers d'un Iliouchine basculent dans le vide », disponible sur http://www.sangonet.com/Fich5AcctualnterAfric/160p-Illiou-disparus-RDC.html (consulté le 20/08/2016).

WEBBER, A., « Crash aérien : liste noire des compagnies aériennes », disponible sur http://www.voyagerluxe.com/crash-aerien-liste-noire-des-compagnies-aeriennes-740.html (consulté le 29/05/2016).

D. NOTES DE COURS

Anonyme, *Le transport aérien*, disponible sur http://babylonechat.free.fr/cours-lea/cours-cts2.htm (consulté le 29 août 2016).

FURAHA MWAGALWA, T., *Notes de cours de Droit aérien*, 2014-2015, inédit.

MUBALAMA ZIBONA, J.-C., *Notes de cours de Droit des Obligations*, 2013-2014, inédit.

E. MÉMOIRES

BULAMBO NYANGI, G., *La responsabilité civile du transporteur aérien en cas de dommage subi par un passager*, Mémoire de licence en droit, UNILU, 2012-2013, inédit.

KABONGO, L., *La responsabilité civile de l'exploitant aérien en droit congolais : Cas du crash aérien survenu au Marché Type K*, Mémoire de licence en droit, UPC, 2009-2010, inédit.

III. VIDÉOS

« Aviation africaine Reportage Complément d'enquête Fr2, Crashs Accidents d'avions & liste noire », disponible sur https://www.youtube.com/watch?v=nIxojuVlfis (consulté le 31/05/2016).

« Le réseau aérien congolais », disponible sur https://www.youtube.com/watch?v=rPU-uapA4BQ (consulté le 30/05/2016).

ANNEXES

Annexe I. — un Handley Page w8 de la Compagnie SABENA qui assura en 1925 le premier vol entre Bruxelles et Léopoldville. Voir http://www.levif.be/actualite/insolite/depart-il-y-a-90-ans-du-1er-vol-bruxelles-leopoldville/article-normal-366317.html (consulté le 20/03/2017).

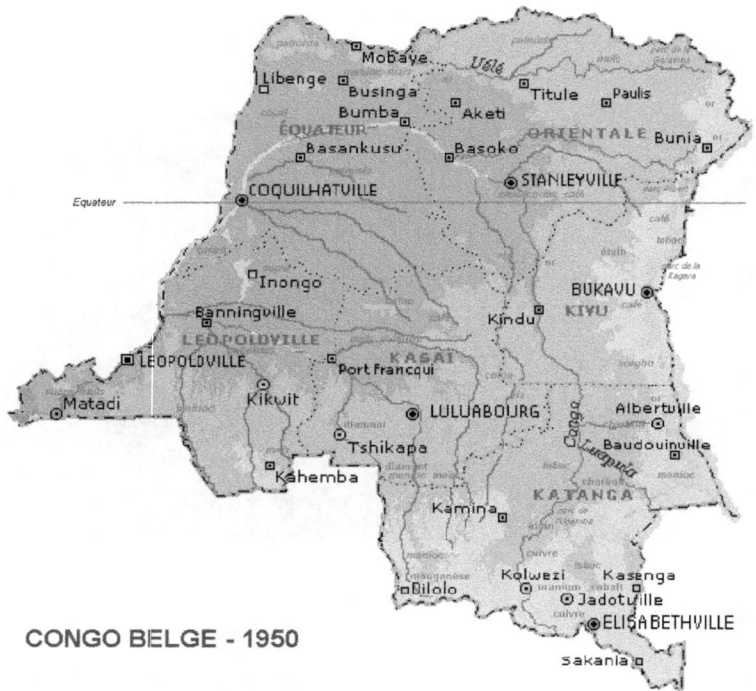

CONGO BELGE - 1950

Annexe II. — Carte du Congo belge représentant le découpage territorial.
Voir http://users.skynet.be/aloube/cartes.htm (consulté le 24/03/2017).

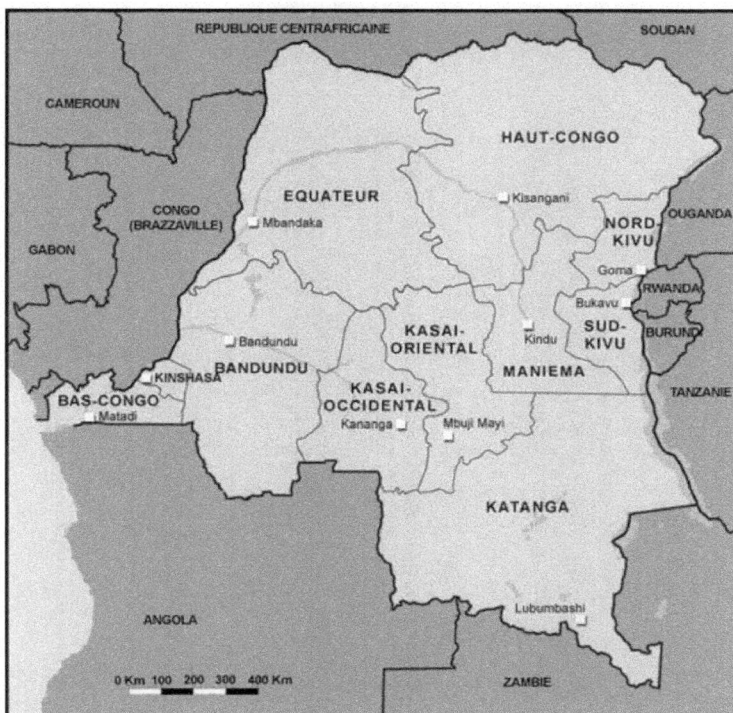

Annexe III. — Carte de la RDC représentant l'ancien découpage territorial.
Voir http://forumdesas.org/spip.php?article3565 (consulté le 24/03/2017).

Annexe IV. — Carte de la RDC représentant le nouveau
découpage territorial.
Voir http://www.radiookapi.net/2015/12/08/emissions/point-de-vue-
des-jeunes/avantages-et-inconvenients-du-decoupage-territorial-en
(consulté le 13/03/2017).

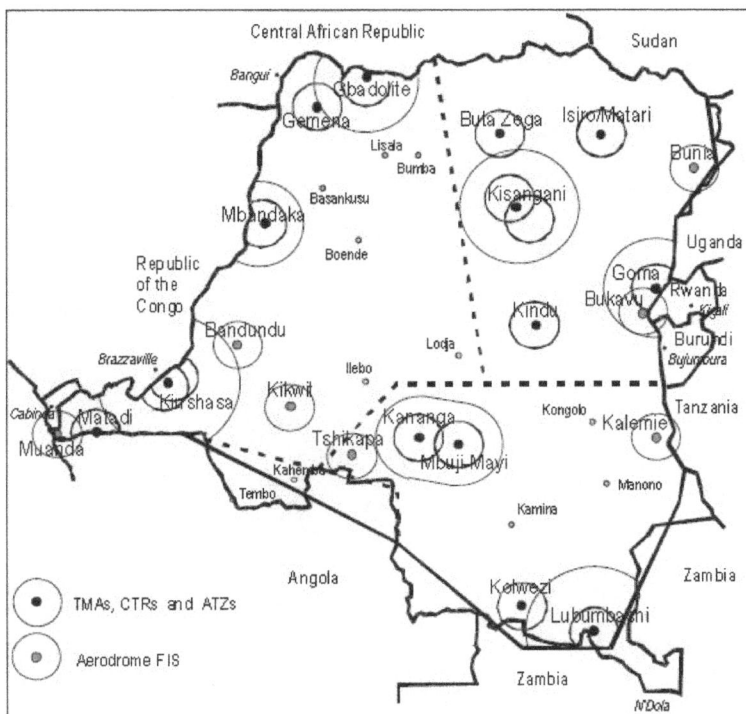

Annexe V. — Carte des aéroports de la RDC.
Voir http://www.rva-rdc.com/doc/cartedesaeroports.pdf (consulté le 29/05/2016).

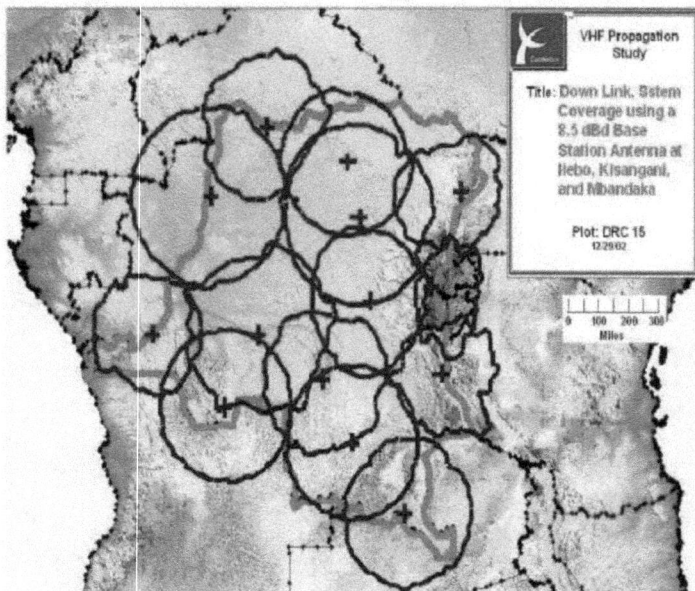

Annexe VI. — Carte des Réseaux VSAT et VHF de la RVA.
Voir   http://www.rva-rdc.com/doc/cartedes_reseaux_vsat_rdc.pdf
(consulté le 29/05/2016).

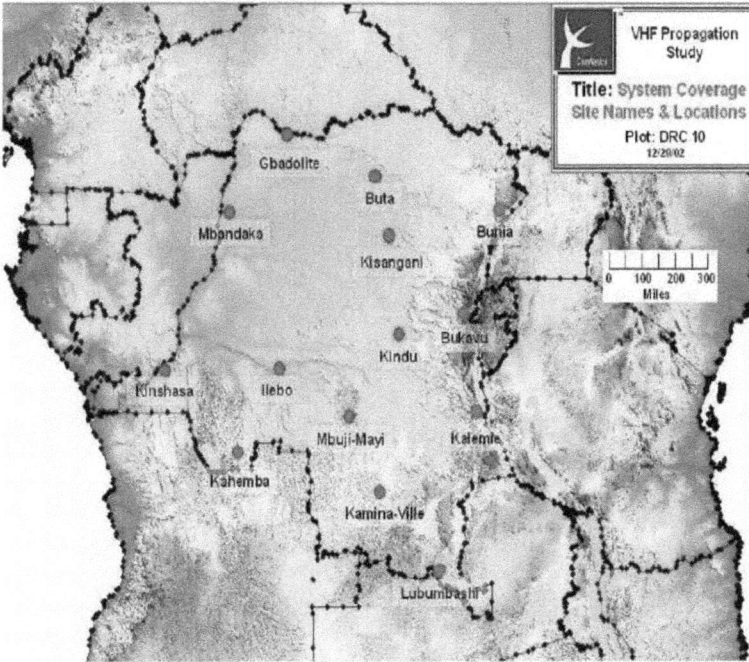

Annexe VII. — Carte des Réseaux VSAT et VHF de la RVA.
Voir http://www.rva-rdc.com/doc/cartedes_reseaux_vsat_rdc.pdf
(consulté le 29/05/2016).

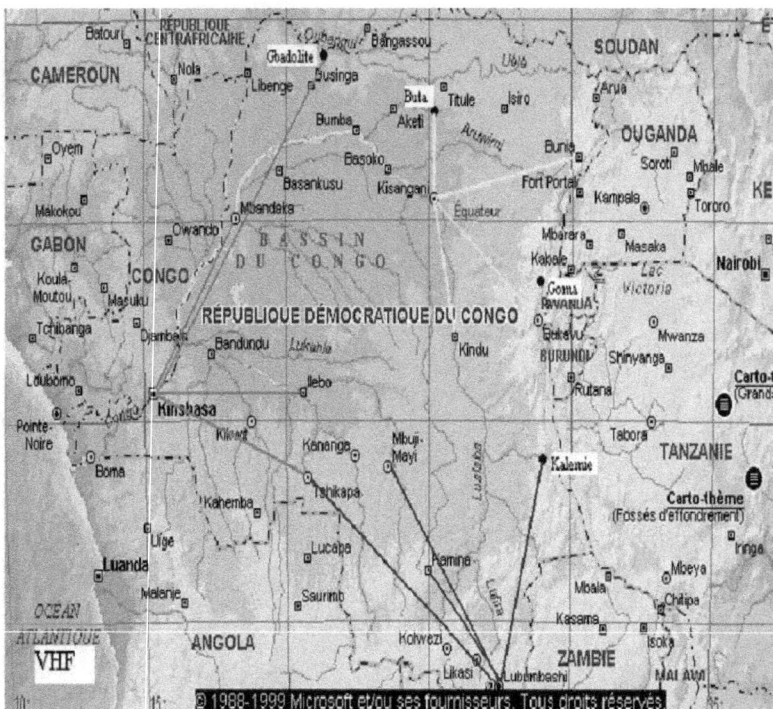

Annexe VIII. — Plan d'exploitation des réseaux VHF par les trois CCR Kinshasa, Lubumbashi et Kisangani.
Voir   http://www.rva-rdc.com/doc/cartedes_reseaux_vsat_rdc.pdf (consulté le 29/05/2016).

INFORMATIONS SUR LES 54 AÉROPORTS ET AÉRODROMES

GÉRÉS PAR LA RVA

N°	Aéroports	Dimensions (m)	Coordonnées	Altitude (m)	Heure de fonctionnement	Position centre/ville
01.	Kinshasa/N'djili	3300 x 60 (Après décalage du seuil de piste 24 à 1400 m)	d° d' d» 08,118 09''S d° d' d» 408 843''E	310	H24	25 km au SE
02.	Lubumbashi	240 x 50 (Après décalage du seuil 07 décalé à 800 m)	d° d' d» 286 203''S d° d' d» 512 335''E	1308	H24	8,7 km NE
03.	Kisangani/Bang.	3500 x 45	d° d' d» 540 416''N 0025° 20 166 735''E	432	HJ	12 km au SE
04.	Goma	2000 x 45	d° d' d» 150 753''S d° d' d» 182 537''E	1538	HJ	2 km au N
05.	Gbadolite	3200 x 65	d° d' d» 00 W d° d' d» 00 E	460	HJ	1 km au NE
06.	Mbuji-Mayi	2000 x 45	d° d' d» 00 S d° d' d» 00 E	677	H24	2 km SE

07.	Mbandaka	2200 x 45	d° d' d » 211 482''N d° d' d » 195 200''E	319	HJ	6,5 km SE
08.	Kananga	2800 x 45	d° d' d » 00,298 0''S d° d' d » 09,121 9''E	653	HJ	7 km à l'Est
09.	Kinshasa/N'dolo	1300 x 30	d ° d' d » 00 S d ° d' d » 00 E	290	HJ	4 KM au SE
10.	Kalemie	1750 x 30	d° d' d » 318 935''S d° d' d » 577 267''E	778	HJ	-
11.	Kolwezi	1750 x 30	10°46' 00 S 025°30' 00 E	1526	HJ	9 km à l'Est
12.	Bukavu	2000 x 45	02 ° 1832.34591S 028 ° 4831.74612^{E}	1724	HJ	35 km au N
13.	Lodja	1620 x 30	03°25' 00 S 023°27' 00 E	502	HJ	-
14.	Gemena	2200 x 45	03°16'00N 019°46'00^{E}	420	HJ	1 km au NE
15.	Isiro	2500 x 45	02°49'36N 027°35'17^{E}	743	HJ	-
16.	Kindu	2200 x 45	02°55'09.26776''S 025°54'55.33798''E	496	HJ	-
17.	Bandundu	1450 x 45	03°18'00 N 017°23'00^{E}	324	HJ	-
18.	Kikwit	1750 x 45	05°02'00S 018°47'00^{E}	479	HJ	-

19.	Kisangani/Simi	2200 x 45	00°31'00N 025°0917'E	393	HJ	-
20.	Moanda	1480 x 45	05°56'00N 012°21'00^E	27	HJ	-
21.	Matadi	1580 x 30	05°48'00N 013°26'00^E	340	HJ	-
22.	Boma	1100 x 20	05°52'00S 013°04'00^E	8 m	HJ	-
23.	Bunia	1850 x 30	01°33' 568 668''N030 ° 13'''143 157''E	1254	HJ	-
24.	Tshikapa	1600 x 45	06°26'00S 020°48'00^E	486	HJ	-
25.	Bumba	1600 x 45	02°11'00N 022°33'00^E	361	HJ	-
26.	Lisala	2200 x 50	02°10'00N 021°29'00^E	460	HJ	-
27.	Kamina/Ville	1450 x 20	08°44'00S 024°59'00^E	1120	HJ	-
28.	Kongolo	1900 x 20	05°24'00S 027°00'00^E	564	HJ	-
29.	Libenge	2100 x 50	03°38'00N 018°18'00^E	343	HJ	-
30.	Kabalo	1450 x 50	06°05'00S 026°55'00^E	561	HJ	-

31.	Kalima	1190 x 30	02 ° 33'00S 026 ° 37'00^E	541	HJ	-
32.	Lusambo	1100 x 50	04°58'00S 023°23'00^E	429	HJ	-
33.	Manono	1400 x 50	07°17'00S 027°24'00^E	633	HJ	-
34.	Buta Zega	2100 x 30	02°49'00N 024°47'00^E	420	HJ	-
35.	Abumumbazi	1200 x 30	03°41'00N 022°09'00^E	457	HJ	-
36.	Ikela	1100 x 30	01°12'00S 023°17'00^E	391	HJ	-
37.	Tembo	1100 x 60	07°42'00S 017°21'00^E	645	HJ	-
38.	Kahemba	900 x 30	07°20'00S 019 ° 01'00^E	1044	HJ	-
39.	Inongo	1380 x 40	01°57'00S 018°17'00^E	317	HJ	-
40.	Kenge	900 x 30	04°50'00S 017°02'00^E	551	HJ	-
41.	Beni/Mavivi	1300 x 30	00 ° 35'00N 029 ° 28'00^E	1072	HJ	-
42.	Tshumbe	1300 x 20	04 ° 06'00S 024 ° 22'00^E	±350	HJ	-

43.	Punia	1140 x 30	01 ° 22'00S 026 ° 20'00^E	531	HJ	-
44.	Ilebo	1250 x 32	00°19'00S 020°36'00^E	442	HJ	-
45.	Nioki	1430 x 40	02°43'00S 017°41'00^E	318	HJ	-
46.	Kabinda	1500 x 30	06 ° 07'00S 024°20'00^E	843	HJ	-
47.	Lubudi	1200 x 20	09°56'00S 026°00'00^E	1384	HJ	-
48.	Kiri	1450 x 30	012°07'00S 019°01'00^E	310	HJ	-
49.	Basankusu	1450 x 50	01°13'00N 019°48'00^E	371	HJ	-
50.	Boende	1400 x 30	00°14'00S 020°52'00^E	356	HJ	-
51.	Butembo	800 x 30	-	-	-	-
52.	Rusthuru	900 x 23	00°47' 00 S 029°16' 00 E	1140	HJ	-
53.	Shabunda	1000 x 40	02°41' 00 S 027°20' 00 E	-	HJ	-
54.	Kasongo	970 x 40	04°32' 00 S 026°37' 00 E	-	HJ	-

Fait à Kinshasa, le 30 septembre 2009.

Le Directeur Adjoint/Navigation
Aérienne
- Pascal IZAI KEP'NA —

Annexe IX. — Informations sur les 54 aéroports et aérodromes gérés par la RVA.
Voir http://www.rva-rdc.com/doc/ais.pdf (consulté le 29/05/2016).

TABLE DES MATIÈRES

www.ingramcontent.com/pod-product-compliance
Lightning Source LLC
Chambersburg PA
CBHW031947190326
41519CB00007B/703